JN006238

ヘルスケア産業
クラスター形成の
日本的特質

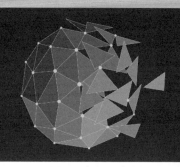

中小企業のイノベーションによる
産業集積の再構築

北嶋 守 著
KITAJIMA Mamoru

同友館

はしがき

　1985年のプラザ合意から35年余りが経過し，その間，日本企業を取り巻く事業環境は大きく変化した。特に，国内産業集積の中で重要な役割を担ってきた機械関連中小製造業（以下，中小企業）の多くは，量産受注型のビジネスモデルだけでは国内で生き残ることが極めて困難な状況に陥ってしまった。換言するならば，国内製造業の量産時代が殆どの分野で終焉する中，中小企業は，如何にして非量産型のビジネスモデルを構築し，より高付加価値なモノづくりができるのか，さらに，簡単に海外企業に真似されない模倣困難性（inimitability）の高い製品や部品を如何にして生み出すことができるのかといった課題に直面している。

　このような背景を受け，わが国の産業政策は，世界的に市場拡大が期待される医療機器，健康機器および福祉機器を含むヘルスケア産業に注目し，各地で当該産業関連のクラスター形成事業が推進されている。実は，それらの多くはPorterクラスター理論の定義とは異なったクラスターである。しかしながら，クラスターの手法を用いて，既存産業集積（existing industrial districts）を新たな成長地域に変換させようする"日本版クラスター形成"の意義は決して小さいものではない。

　そこで，本書では，クラスター形成を既存産業集積の変換システムとして位置づけ，産業集積変換モデル（IDTモデル：Industrial Districts Transformation model）という独自の理論的枠組みを設定し，中小企業のイノベーション活動の分析を中心に，ヘルスケア産業クラスター形成の日本的特質と課題の析出を試みている。各章の構成は，以下のとおりである。

　第1章では，「クラスター」を既存の産業集積を変換するシステムとして捉え，日本版クラスター形成の特質を分析・考察するための理論的枠組みとして考案したIDTモデルとその機能について説明し，本研究で使用する主要な分析概念を提示している。

続く第2章では，MarshallおよびWeberから始まる古典的産業集積論を振り返りながら，1980年代以降の経済のグローバル化や「距離の死（the death of distance）」に象徴される情報通信技術や交通インフラなどの急速な発達を背景に，1990年代以降登場してくる新産業集積論，Porterクラスター理論および地域イノベーション論に至る理論的系譜を描出している。そして，1990年代以降，古典的産業集積論の変更が余儀なくされることになるという，その"一種の混乱"から生まれた新産業集積論の2つのベクトルの存在を明らかにしている。また，本章では，1990年代以降の日本の産業集積論，中小企業政策および日本版産業クラスター政策の経緯についても整理している。

　第3章では，ヘルスケア産業クラスターに関連する先行研究レビューの一環から，国内の先行研究として，田中利彦（2014）の論文，長山宗広（2016）の論文の2本を取り上げている。また，海外の先行研究として，Hibertほか（2004）の論文，Porter（2011）の論文およびは，Halderほか（2002）を参考に纏められた山本健兒（2014）の論文の3本を取り上げ，各々，本研究のIDTモデルの観点から評価を行っている。

　第4章では，アンケート調査結果に基づいて，中小企業のヘルスケア産業への参入傾向について，医療機器・器具と健康機器・器具および福祉機器・用具への取り組み状況，参入理由，研究開発体制，指向する事業形態などの比較分析を行っている。また，医療機器分野については，生産財および医療機器のクラス，健康・福祉機器分野については，販路拡大の因子構造および主要因子間の関係について分析している。

　第5章では，秋田県，岩手県，宮城県および長野県を対象に実施したケーススタディに基づいて，ヘルスケア産業クラスター推進組織の活動について，クラスター促進者の役割の類型を手掛かりに検討を行っている。また，これら4県において，ヘルスケア産業に参入して成果を上げている中小企業を対象に実施したインタビュー調査に基づいて，中小企業のヘルスケア関連機器の製品化・普及プロセスで形成されているネットワークの構造を描出するとともに，それら一連のプロセスについて，近接性の概念との関係から分析している。

第6章では，医療機器産業クラスター形成の日韓比較分析として，福島県と韓国江原道(カンウォンド)で実施したインタビュー調査およびケーススタディに基づいて，両者の医療機器クラスターの形成過程の違いを明らかにしている。つまり，福島県の医療機器クラスター形成が，既存産業集積の中で中小企業を医療機器産業分野にシフトさせることで，既存産業集積をより高度化・多様化し，その質的変換を指向するといった「非クラスター企業群シフト型」であるのに対して，江原道の医療機器クラスター形成は，延世(ヨンセ)大学の医工学部における教育，インキュベーション施設，医療関連機関の整備などを活用した「大学発ベンチャー・企業誘致型」であると分析している。

　第7章では，クラスターの広域化・国際化と地域間イノベーションに焦点を当て，「東九州メディカルバレー構想」のケーススタディに基づいて，地域間イノベーションと近接性の諸次元との関係から検討を行っている。その結果，大分県と宮崎県の医療機器クラスターは，各々が東九州メディカルバレー構想のサブクラスターとして位置づけられ，その地理的近接性は関係的近接性によって補完されているものの，地域間イノベーションが活発化していない点を指摘している。一方，同構想によるクラスターの国際化については，特に東南アジア地域との連携の可能性において，関係的近接性に属する社会的近接性と認知的近接性が重要な役割を果たすものと予見している。

　本書の最終章となる第8章では，これまでの分析および考察の結果を踏まえて，ヘルスケア産業クラスターの日本的特質が官主導型のクラスター形成であることを再確認した上で，その限界性と克服方法を提示している。

　さて，私は30年近くシンクタンク研究員として，国内外の産業および企業の調査研究に携わってきたが，この間，日本社会の少子高齢化は急速に進み，国内産業集積の"老朽化"や地域産業政策の"制度疲労"が顕在化してきている。加速する経済・産業のグローバル化，モノづくりのデジタル化，地方地域の人口減少といったトリレンマの中で，日本の中小企業や地域産業が再生できる方法とは何か，私は，ここ数年その解答を模索してきた。本書は，その"中間報告"である。本書が，同じ問いに悩んでおられる方々への一助になれば幸

いである。

　最後に，厳しい出版事情の中で，本書の刊行をお引き受け頂いた同友館の脇坂康弘代表取締役社長，そして，コロナ禍が続く中，編集校正作業でご指導頂いた出版部次長佐藤文彦氏に厚くお御礼を申し上げるしだいである。

目次

第 **1** 章

研究の目的と
理論的枠組み

1-1 研究の背景と目的

(1) 研究の背景

　1985年のプラザ合意から35年余りが経過し，わが国の中小企業を取り巻く事業環境は大きく変化し，国内産業集積の中で重要な役割を担ってきた中小企業の多くは，量産受注型のビジネスモデルだけでは，国内で生き残ることが極めて困難な状況に陥ってしまった[1]。換言するならば，国内製造業の量産時代が，殆どの分野で終焉する中，中小企業は如何にして非量産型のビジネスモデルを構築し，高付加価値なモノづくりができるのか，さらに，簡単に海外企業が，真似することができない模倣困難性（inimitability）の高い製品や部品を如何にして生み出すことができるのかといった課題に直面しているのである。

　このような課題を克服するため，非量産型の新たな産業セクターとして，近年，わが国では，医療機器産業を中心とするヘルスケア産業への期待が高まっている。その理由について，医療機器産業を例に列挙すると次のようになる。第一に，医療機器産業は，世界的に安定した需要に支えられた成長産業であり，人口増加および高齢化や新興国の経済発展に伴う市場拡大が見込まれるため，第二に，日本の医療機器生産は，これまで治療系機器を中心に国内市場の4割から5割程度を輸入製品によって占められ，国内主要メーカーは診断系機器を中心に扱う企業が多かったが，今後は，成長率が高く市場規模の大きい治療系機器への進出や海外市場開拓に加え，M&Aにより事業範囲を広げる動きもあり，地域の中小企業にとってもビジネスチャンスの拡大が期待されるた

---

[1]　日本企業の生産拠点の海外移転と並行して新興国企業の競争力が急速に向上した背景には，様々な要因が考えられるが，この30年間における大きな変化は，コンピューターおよびインターネットの普及による世界規模でのデジタル社会の進展であり，製造業におけるICT（情報通信技術）の活用が，技術やノウハウの海外移転あるいは海外流出を加速させ，そのことが新興国企業の競争力向上を加速させていると筆者はみている。

2

め[2]，第三に，国内の少子高齢化に伴って高齢者は増加し医療需要は減らない一方で，納税者は減少するといった状況下では，医療費の総額抑制を可能にするより安価で効率的な医療機器の開発が必要となるため[3]，第四に，リーマンショックによって製造業の自動車産業への極端な依存構造が露呈したことで，ヘルスケア産業が新たな産業振興の対象として浮上したため[4]，第五に，ヘルスケア産業は自動車産業や電子産業と比較し，非量産型産業の傾向が強いことから，多品種少量生産を得意とする地域の中小企業にとっても内需発展型産業として期待できるため，以上である。

(2) 研究の目的

　こうした背景を受け，国内ではヘルスケア産業クラスター形成の推進組織が数多く誕生し，産学官連携活動を中心に中小企業のイノベーションを支援する動きが活発化している。ところで，Porterによれば，「クラスターとは，特定分野における関連企業，専門性の高い供給業者，サービス提供者，関連業界に属する企業，関連機関（大学，規格団体，業界団体など）が地理的に集中し，競争しつつ同時に協力している状態」[5]と定義されるが，日本のヘルスケア産業クラスター形成の取り組みは，大学，行政機関（自治体・公的支援機関）および企業（大手機器・部品メーカー，中小企業，ベンチャー企業）によって構成される産学官連携活動を中心とした地域産業政策および中小企業政策の色彩が強く，厳密には，Porterクラスター理論の定義とは異なる"日本版クラス

---

(2) 日本政策投資銀行（2014）を参照。
(3) 日吉（2014）を参照。
(4) 2013年6月14日に閣議決定された「成長戦略（日本再興戦略），所謂，安倍政権｜三本目の矢」における｜戦略市場創造プラン」のテーマの1つである｜国民の『健康寿命』の延伸」において，「医薬品・医療機器開発，再生医療研究を加速させる規制・制度改革」および「独立行政法人医薬品医療機器総合機構（PMDA）の強化」の項目が挙げられている。経済産業省商務情報政策局医療・福祉機器産業室「経済産業省における医療機器産業政策について」（2013年9月6日）を参照。
(5) 詳細については，Porter（1998a）を参照。

ター"である[6]。しかしながら，Porterクラスター理論と異なる性質を持った
ものであるにせよ，既存産業集積（existing industrial districts）を新たな成長
地域に変換しようとする日本版クラスター形成の意義は，決して小さいもので
はない。

　そこで，本研究では，日本版クラスター形成は，既存産業集積をどのような
方法によって成長地域に変換しようとしているのかについて分析・考察する。
換言すると，本研究の目的は，日本版ヘルスケア産業クラスター形成は，既存
産業集積をどのような機能によって変換させようとしているのか，その過程で
中小企業のイノベーションはどのように実践されているのかを明らかにするこ
とにある。そして，産業集積変換モデル（IDTモデル：Industrial Districts
Transformation model，以下，IDTモデルと表記）という独自のフレームを設
定し，ヘルスケア産業クラスター形成の日本的特質を明らかにする。

1-2　研究の理論的枠組み

(1) 研究における「クラスター」の捉え方

　本研究では，クラスターを既存産業集積およびその構成要素である中小企業
のイノベーションを促進するための戦略として捉える。つまり，本研究では，
クラスターを地域イノベーションのための手段・方法として位置づけており，
その仕組みがIDTモデルである。そのため，クラスターと産業集積は，対峙
する概念とはならない。むしろ，クラスター形成は，地域イノベーションを通
じて既存産業集積を新たな市場や産業構造に適用可能な集積に変換するための
手段として位置づける。つまり，本研究では，クラスターは，「クラスター政
策」としての推進事務局や推進団体といった「組織体」を持ってはいるもの

---

(6) この日本版クラスターの批判的検討については，山本（2004）および寺田（2009）
　　を参照。

の，クラスターそれ自体は，手段あるいは方法であるため，技術集積，企業間取引によって成立している既存産業集積のような実体（entity）として捉えてはいない。

さらに，本研究では，地域イノベーションについて，Storper（1995; 1997）およびMaskell and Malmberg（1999a; 1999b）の「地元化された能力（localized capability）」[7] および「非取引的な相互依存関係（untraded interdependencies）」の概念を重視する。すなわち，産業集積における社会制度的環境，企業間コミュニケーションおよび地元化された学習（localized learning）の相互プロセスが，イノベーションとその成長に対して決定的な役割を持つとする彼らの考え方を理論的分析枠組みの基礎とする。このように，本研究では，Batheltほか（2004）が指摘しているように，クラスターはイノベーションを誘発する手段・方法・仕組みであって，既存産業集積やサプライチェーンネットワークの結節点を構成している企業といった実体と比較した場合，クラスターとは，最初から"空（empty）"であるといった視点を重視する。そのため，本研究では，経済地理学において議論が活発化している知識創造および地域イノベーションシステム論の成果を参考にしている[8]。

(2) IDTモデルの限界と可能性

本研究では，クラスター形成について，既存産業集積を新たな市場や産業構造に向けて変換させる手段・方法として位置づけており，それを具体的なシステムとして捉えたのが，IDTモデルということになる。しかし，このIDTモデルには限界がある。なぜならば，それは，本研究の具体的対象が，ヘルスケア産業クラスター形成である点に依拠する[9]。つまり，理論的な枠組みとして，以下に提示するIDTモデルによる日本のクラスター形成の特質に関する分析

---

(7) localizedは一般に「局地化」と訳されるが，本研究では「地元化」とする。
(8) 地域イノベーションシステムの理論的展開については，松原（2007）および水野（2011）を参照。
(9) ヘルスケア産業の特徴および本研究の対象範囲については，本書第4章を参照。

では，その対象となる産業セクターの特性が影響を与えるものと考えられるため，本研究において，IDTモデルを「日本版クラスター形成」の一般モデルとみなすことには限界性が伴う。

　だが，一方で，IDTモデルを用いて日本のヘルスケア産業クラスター形成を分析することは，クラスター形成によって，既存産業集積はどのように変換され，そこにはどのような可能性や課題が存在しているか，つまり，クラスター形成の日本的特質を知るための1つの手掛かりに繋がるはずである。そして，それは微力かも知れないが，日本の既存産業集積の再構築に貢献できるものと考えられる。つまり，図1-1に示すIDTモデルとは，ヘルスケア産業クラスター形成による既存産業集積の変換システムであり，このモデルを用いることによって，クラスター形成の日本的特質の一端が析出されることを意味している。

　その特徴について，本書の各章との関係から示すと以下のようになる[10]。第一に，IDTモデルのインプット部では，ヘルスケア産業の特徴および本研究における対象範囲を明確化した上で，既存産業集積の構成要素である中小企業のイノベーション活動に焦点を当てる。具体的には中小企業のヘルスケア産業への参入状況について，医療機器分野および健康・福祉機器分野の比較分析により観察する。第二に，IDTモデルが，既存産業集積およびその構成要素である中小企業に与える機能について，マクロ的な視点からクラスター推進機能およびテンポラリークラスター機能について分析する。第三に，IDTモデルにインプットされた中小企業のイノベーション行動を具体的に観察する。換言すると，ミクロ的な視点から中小企業のネットワーク構造を描出した上で，製品開発・普及プロセスにおける中小企業のイノベーション行動について，医療機器と健康・福祉機器の比較分析を行う。第四に，IDTモデルを地域イノベーションの視点から捉え，福島県と韓国のクラスター推進組織間で展開されているグ

---

(10)　筆者によるIDTモデル構築の基礎になっているシステム論的アプローチについては，Bertalanffy（1968）訳書（1973）pp.190-200を参照。

図1-1 本研究の理論的枠組み・IDT モデル

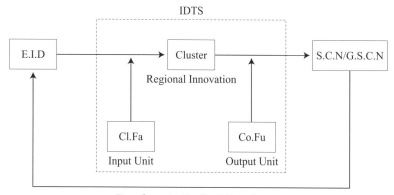

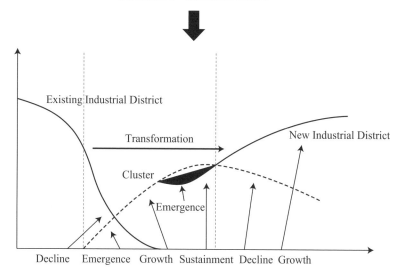

IDTS : Industrial District Transformation System
E.I.D : Industrial District
Cl.Fa : Cluster Facilitated Function
Co.Fu : Connected Fuction
S.C.N : Supply Chain Networks
G.S.C.N: Global Supply Chain Networks

出所：筆者作成。

ローバル・リンケージの状況から日本と韓国のクラスターライフサイクルの比較分析を行い，ヘルスケア産業クラスター形成の日本的特質を析出する。第五に，福島県で開催されている医療機器展のケーススタディに基づいて，IDTモデルのテンポラリークラスター機能について分析する。第六に，個々の中小企業のイノベーション活動からアウトプット部であるコネクテッド機能の状態について検討を行う。

(3) 主な分析概念

① 近接性の５つの次元

　本研究では，既存産業集積内の中小企業を含む多様なアクターによって実践される知識創造（knowledge creation）を重視する。そして，この知識創造における鍵概念となるのが，近接性（proximity）の概念である。本研究では，一般に言われるクラスター形成における地理的近接性（geographical proximity）に加えて，認知的近接性（cognitive proximity），組織的近接性（organizational proximity），制度的近接性（institutional proximity）および社会的近接性（social proximity）といった関係的近接性（relational proximity）の諸次元も分析概念として使用する。各々の近接性の特徴は，以下のとおりである。

　第一に，地理的近接性とは，土地に根ざした空間的地域的あるいは物理的な近接性であり，地理的距離の小ささは，アクター間の対面的な相互作用（face-to-face interactions）の環境を用意し，知識の移転とイノベーションを増進する[11]。また，地理的近接性は地理的な距離であるため，客観的な測定が可能である点は，関係的近接性と異なる。

　第二に，認知的近接性とは，複数のアクターが，その世界を知り，解釈し，理解し，評価する際の方法の類似性を意味する[12]。換言すると，アクター同士が知識を交換し移転するためには，準拠枠（frame of references）の類似性が

---

(11) Knoben and Oerlemans（2006）を参照。
(12) Wuyts, Colombo, Dutta and Nooteboom（2005）を参照。

8

必要となるため，認知的近接性とは，この準拠枠の近さを意味する[13]。また，認知的近接性は，特に企業と大学などの共同研究開発において重要な決定力を持った近接性である[14]。

　第三に，組織的近接性とは，組織内および組織間において関係性を共有し，イノベーションのネットワークにとって優位性を発揮する近接性を意味する[15]。また，この近接性は，複数の組織における共通のルールおよびルーティーンによって強化されるといった特徴を持っている[16]。換言すると，この概念は，企業などの組織文化と深く関係する概念であり，産学官連携活動など異なる組織文化を持ったアクター間の相互作用に対して，認知的近接性と同様に影響を与える概念である。

　第四に，制度的近接性とは，複数のアクターに対して外在的（external）な場合と内在的（internal）な場合に区別される。つまり，外在的な制度的近接性は，アクター間を取り巻く制度的環境に近い。特に，企業の海外展開では，その地域の制度，法律，規制との近接性が企業のイノベーション活動に影響を与える。しかし，これは，個々のアクターが変更困難な所与の環境である。換言すると，国家や行政府（制度・規制の施行機関）が1つのアクターとして存在することになる。そのため，企業というアクターは，この制度を司る機関から知識を吸収し，各種規制の内容を学習する必要がある。一方，内在的な制度的近接性では，例えば，A社とB社の制度（社内の各種制度，規則，商慣行等）の類似性が重要となる。つまり，企業間の業務提携等では，この内在的な制度的近接性が影響を与える。換言すると，制度は集合的行為のためのある種の"膠（glue）"の役割を果たしており，また制度にはフォーマルなものとインフォーマルなものがある[17]。つまり，上述の外在的制度はフォーマルな制度の

---

(13) Knoben and Oerlemans 前掲論文を参照。
(14) Nooteboom et al（2007）を参照。
(15) Boschma（2005）を参照。
(16) Torre and Rallet（2005）を参照。
(17) Edquist and Johnson（1997）を参照。

近接性，内在的制度はインフォーマルな制度の近接性に近い概念であると言える。なお，インフォーマルな制度には，文化的規範（cultural norms）や習慣（habits）があり，さらに，この制度的近接性は，組織的近接性および社会的近接性と強く相互連結するといった特徴を持っている[18]。

　第五に，社会的近接性における「社会」とは，一般に言う社会生活や社会人の社会ではなく，社会学的概念に依拠している。つまり，アクター間の社会的関係性であり，"時間と空間を飛び越えて存在する"ことが可能である。例えば，科学者のコミュニティ（invisible college），「県人会」や「同窓会」などミクロレベルでの社会的関係性を意味している。ゆえに，社会的近接性は，アクター間に存在する文化的，経験的，専門的，職業的な類似性によって形成される近接性と解釈することが，さらに，この社会的近接性の考え方は，埋め込み（embeddedness）に関する研究までその起源を遡ることができる[19]。その主旨は，経済的関係性は，多少なりとも常に社会的文脈（social context）に埋め込まれているとするもので，同様に社会的結びつき（social ties）あるいは社会的関係性は，経済的成果に影響を及ぼすとする考え方である。つまり，アクター同士が友人関係，親族関係あるいは共通の経験を基盤とする信頼（trust）を構築している場合，彼らの関係性は，社会的に埋め込まれているのである。そして，学習やイノベーションを可能にする組織能力は，この社会的近接性を必要とする。例えば，信頼を基盤にした社会的関係性は，市場を通じての伝達や取引が非常に困難とされる暗黙知（tacit knowledge）の交換を促進する[20]。

　では，5つの次元における「適度な近接性」とは，どのように調整され保持されるのだろうか。イノベーションを促進する上で近接性が重要な役割を果たすとするならば，この「適度な近接性」は，重要な意味を持つことになる。そこで，Boschma（2005）を手掛かりに，近接性の各次元の特徴について整理

（18）Boschma前掲論文を参照。
（19）Polanyi（1944）およびGranovetter（1985）を参照。
（20）Maskell and Malmberg（1999a）を参照。

してみると表1-1のようになる。つまり，解決方法とは，「適度な近接性（近接性のほどほどの距離）」を保持する方法を意味している。そして，この「適度な近接性（ほどほどの距離）」とは，Granovetter（1973）が提唱した「弱い紐帯の強さ」（the strength of weak ties）と類似した考え方とみなすことができる[21]。

表1-1　近接性の5つの次元と特性

	鍵となる特性	弱すぎる	強すぎる	可能な解決方法
地理的近接性	物理的距離	空間的外部性の欠落	地理的開放性の欠如	地域内の活発な交流と域外連携の併用
認知的近接性	準拠枠	間違った理解	新発想の見逃し	補完性よりも多様性を重視した知識の共有
組織的近接性	制御	場当たり的対応（機会主義）	官僚主義	緩やかな連携の仕組み
制度的近接性	共通の制度を基礎にした信頼	場当たり的対応（機会主義）	閉じ込め・惰性	制度チェックとバランス
社会的近接性	社会的関係性を基礎とした信頼	場当たり的対応（機会主義）	経済的合理性の欠如	埋め込みと市場性の結合

出所：Boschma（2005）p.71を参考に筆者作成。

② 知識創造におけるテンポラリークラスターの機能

　知識創造において重要となるもう1つの鍵概念は，テンポラリークラスター（temporary cluster）である。テンポラリークラスターとは，ローカル企業が地理的に離れた場所に存在している知識ポケットにアクセスすることを可能にする一種の「重要な乗り物（significant vehicles）」を意味し，具体的には，国際的な展示会，会議，セミナーなどである。この一時的なクラスターに参加することでアクターは，グローバルパイプライン（global pipeline）を通じて，地理的に離れた別のアクターと短期間ではあるが対面的コミュニケーションを行うことが可能となり，知識創造と知識普及が促進される。さらに，それらの

---

(21)　水野（2011）p.73を参照。

新たな知識は，産業集積内のアクターのイノベーションおよび産業集積そのものイノベーションの可能性を高めることに寄与する[22]。これに関連して，本研究では，2つの産業集積間のグローバル・リンケージに焦点を当てており，それによって発生する国際的な展示会への相互出展を"ダブル・テンポラリークラスター（double-temporary cluster）"と名付けている。そして，本研究では，このダブル・テンポラリークラスターは，2つの産業集積間の相互作用を活性化し，両者の地域および中小企業の知識創造，つまり，地域イノベーションおよび中小企業イノベーションを加速させる効果があるといった仮説を設定している。

③ バズとグローバルパイプライン

知識創造と密接に関係しているバズ（buzz）およびグローバルパイプラインも本研究の鍵となる分析概念である。同じ産業や地域に属する人々の間で伝搬される有用あるいは無用な情報のやり取りは，バズと呼ばれる。Asheim（2007）によれば，このバズは，必要とされる高度な技術を有している人は誰なのか，最もイノベーティブな人は誰なのか，誰となら一緒に協働できるのかといった「適切な誰かを知ること（know-who）」において，最も効率の良い方法であるとされる。日本国内の産業集積地は一種のパーマネントクラスター（permanent cluster）の性質を持っていることから，その中で展開されている有用無用な情報のやり取りは，ローカルバズ（local buzz）と呼ばれる。一方，国際的産業見本市のようなテンポラリークラスターでは，このバズの活動範囲がより拡大するため，それは，グローバルバズ（global buzz）と呼ばれる。このグローバルバズによってテンポラリークラスターに参加している企業を含むアクターは，自分たちにとって有益な人や企業を知る機会を拡大することが可能になる。さらに，このような国内企業と海外企業の知識を結びつけるコ

---

(22) テンポラリークラスターの機能については，Maskell, Bathelt and Malmberg（2006）および與倉（2013）を参照。

ミュニケーション・チャネルは，グローバルパイプラインと呼ばれる。

　換言すると，企業が国際的産業見本市（テンポラリークラスター）に参加することは，グローバルパイプラインにアクセスすることを可能にし，新たな知識を獲得する機会を増大させることを意味している。このように，一時的なクラスターであるテンポラリークラスターは，恒常的（準永続的）なクラスターであるパーマネントクラスターの中で発生するローカルバズに比べ，知識獲得の機会を増大させる機能を持っている。さらに，それが国際的産業見本市，コンベンションおよび専門家会議などの場合にはグローバルバズとなり，企業を含むアクターが必要とする知識は，グローバルパイプラインを通して交換されることになる。

④ クラスターライフサイクルモデル

　さらに，本研究は，クラスターライフサイクル（cluster life cycles）の理論と密接に関係している。Porterクラスター理論の登場以来，数多くのクラスターライフサイクルに関する理論的研究が展開され，複数のモデルが提示されている。例えば，Van Klink and De Langen（2001）は，クラスターを異なる段階に区分することでクラスターライフサイクルモデルの説得性を高めている。彼らは，クラスターライフサイクルを発達段階（development），拡大段階（expansion），成熟段階（maturation），転換段階（transition）の4つの段階に区分している。また，Menzel and Fornahl（2010）は，クラスターライフサイクルを発生段階（emergence），成長段階（growth），持続段階（sustainment），衰退段階（decline）の4つの段階に区分している。そこで，Menzel and Fornahl（2010）を参考に，クラスター企業群と非クラスター企業群のライフサイクルを示すと図1-2のようになる。この図からわかるように，クラスター企業群は，次のような特徴を持っている。すなわち，第一に，クラスター企業群は，成長段階に入ると非クラスター企業群よりも急角度で成長する，第二に，持続段階が相対的に長期化する，第三に，この持続段階を長期化するためクラスター企業群は，適応（adaptation）という方法を繰り返す（図中a），

図1-2　クラスター企業群と非クラスター企業群のライフサイクルモデル

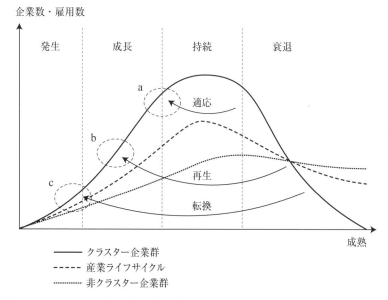

出所：Menzel & Fornahl（2010）を参考に筆者が加筆作成。

　第四に，クラスター企業群は，衰退段階に入ると再生（renewal）という方法で成長段階に移動する（図中b），第五に，クラスター企業群は，衰退段階からさらに成熟段階に入った場合には転換（transformation）という方法によって，新たなクラスターを発生させる（図中c），第六に，クラスターの各段階で採用される適応，再生，転換といった方法を効果的に実践するために，3つの要素（新規性・多様性を生み出す役割，ネットワーク，制度的環境）が密接に関係する，以上である。

　こうしたクラスターライフサイクルにおける適応，再生，転換というクラスター維持機能は，本研究に対して刺激的なヒントを提供してくれる。しかし，本研究では，これらのモデルをそのまま採用はしていない。なぜならば，これらのモデルは，クラスターライフサイクル，産業ライフサイクルおよび非クラスター企業群のライフサイクルをパラレルに捉えているためIDTモデルの考

14

え方とは異なっているからである。

　つまり，図1-2のMenzel and Fornahl（2010）のモデルは，クラスターと産業ライフサイクルおよび非クラスター企業群を比較し，それぞれのライフサイクルの曲線を提示しているが，3つのライフサイクルの関係性については，あまり言及していない。これに対して，本研究のIDTモデルは，既存産業集積をクラスターという方法で競争力のある産業集積に変換するモデルである。そのため，既存産業集積を産業ライフサイクルで捉えた場合，また，既存産業集積内の企業（特に中小企業）を非クラスター企業群とするならば，IDTモデルにおける"クラスター化された産業集積"のライフサイクルは，1つの局面として，既に，図1-1に示したIDTモデルの下段の図のようになるものと考えられる。

第 **2** 章

産業集積論から
クラスター論に至る
理論的系譜

2-1 産業集積論の展開と産業クラスター論

(1) 産業集積論から新産業集積論に至る系譜

　産業集積に関する理論は，20世紀初頭にイギリス新古典派経済学者の父，Marshallとドイツの工業立地論者，Weberの二人によって端緒が開かれたとされる。まず，Marshall（1890）は，経済発展の要因を内部経済（internal economy）と外部経済（external economy）から捉えた。内部経済とは，個々の企業の持つ資源，組織および経営の能率に依存する効果であり，外部経済とは同じ性格を持つ多数の小企業が，特定の地域に集中すること（産業地区）によって確保できる効果であるとされる。

　さらに，外部経済の効果については，第一に，産業が特定の地域に長く留まることにより，その地域に地域特有の技術・知識が自然と波及し，その上に，次々に新しいアイディアが生み出されることによる技術深化効果[23]，第二に，特定の地域（産業地域）の近隣での補助産業の成長により，大量受注の下で高価な機械の経済的利用と道具や原料の安価な供給が可能となる特定地域における裾野産業拡大効果，第三に，雇用者が必要とする特殊な熟練技術を持った労働者を獲得できる産業地域を選択し，また，労働者も彼らにとって良好な市場を見出せる産業地区に集結することによる熟練労働市場形成効果，以上の3点が挙げられる。

　一方，Weber（初版1909），（1922）は，社会的集積の本質的な因子について，第一に，設備に対する専門的なサービスの増進，第二に，高度に専門化した分業の組み合わせによる労働組織の拡充，第三に，適時に適量の適質な原料の取得を可能にする経済組織全体への適合の増進，第四に，インフラストラクチャーといった社会的間接資本の整備によるコスト低減，以上の4点を指摘し

---

(23)　これは集積を形成する同一産業に属する企業間での知識のスピルオーバー効果とみなすことができる。以上の指摘については，細谷（2009）を参照。

た[24]。

　ここで，Marshallの外部経済の概念について補足すると，外部経済とは個々の企業にとっては外部性があるものの，その企業が属する産業では内部化されている現象を意味している。そして，この外部経済の概念は，内生的経済成長論と結びつき発展することになるが，それはMarshallと関係の深いArrowとRomerらの三者の頭文字をとって「MAR外部性（MAR externality）」と呼ばれている。

　産業集積効果に関する理論は，その後，Robimson，Hoover，Palanderらを経由して，1950年代後半から70年代半ばまでに1つのパラダイムを確立し，先進諸国の工業化による立地計画や地域経済政策などの理論的基盤としての地位を獲得することになる。同時期，中小企業が立地する都市という別のタイプの集積に着目し，異業種の企業間に生じる知識のスピルオーバーの重要性を主張したのがJacobs（1969）である。彼女の理論は，都市に立地している多種多様性な企業の組み合わせが，プロダクトイノベーションを誘発し，それが都市と国全体の発展を促すとするもので「ジェイコブズの外部性（Jacobs externalities）」と呼ばれている。

　しかし，1970年代後半以降，特に1980年代に入ると先進諸国の産業集積を取り巻く環境は，転換期を迎える。所謂，経済および産業のグローバル化である。その背景には，地域間の物流・交通網がハード，ソフト共に急速に整備され，さらに，情報通信インフラが急展開し始めたことが挙げられるが[25]，特に1980年代後半から世界規模で活用が始まるコンピューターの登場は，製造現場を一変させることとなった。所謂，ME革命である。工作機械を例にすれば，NC（数値制御）の登場によって，熟練技能者と専用機による加工の世界は駆

---

(24) 彼の集積因子とは，生産が一定の量においてひとつの場所に合一的に行われることにより生じる生産，または販売上の利益，すなわち低廉化とされる。この解説については，伊藤（1976）pp.105-106を参照。

(25) Cairncross（1997）は，これを "the death of distance（距離の死）" と表現している。

逐されたのである[26]。

　この時期から，産業集積は地理的空間と情報的空間の2つの変数によって論じられる必要性が増大する。Marshall（1890）による「同じ熟練仕事に従事する人々が近隣から相互に獲得する利便が非常に大きいため，ある産業がひとたびある場所（locality）を選んだならば，その産業はそこに永くとどまる傾向がある」といった古典的産業集積論における外部経済効果の説得力は，急速に低下していくことになる。

　こうした地理的空間と情報的空間の進展に加え，東西冷戦構造の崩壊に伴う新興諸国の工業化の進展も相俟って，1980年代の産業集積論は拡大するグローバル経済の下で"一種の混乱期"を迎え，新産業集積論の議論が活発化することになる。その口火を切ったのが，Piore and Sabel（1984）やHerrigel（1989）たちである。特にPiore & Sabelは，フォーディズム的な大量生産体制の危機に対して，レギュラシオン・アプローチに共鳴して大量生産体制を批判し，新たな方向性をサードイタリアの企業に見られる柔軟な専門化（flexible specialization）の組織的形態に求めたのである。つまり，彼らは第一次産業分水嶺の時点で片隅に追いやられてしまったクラフト的形態の復元を指向したのである（図2-1参照）[27]。

　ところで，この時期，日本の製造業は大きな転換期を迎える。1985年のプラザ合意による急激な円高である。この為替変動リスクの発生は，国内産業集積に対してかつてないほどの打撃を与え，中国の市場経済への移行も相俟って中小企業のアジア地域への直接投資が，1990年代後半から本格化する。この時期を境に，日本の産業集積は，国際生産分業システムやグローバル・サプライチェーンの波に飲み込まれることになる（国内製造業の空洞化の始まり）[28]。

---

(26) MEとはマイクロエレクトロニクスを意味する。この時期，日本は機械とエレクトロニクスを融合したメカトロニクスにより工業分野において飛躍的な成長を遂げることになる。

(27) このクラフト的形態は，本研究の対象であるヘルスケア機器，特に社会的弱者が対象となる介護・福祉機器の普及と経済性を考える上でも重要な示唆を含んでくる。

(28) この時期，日本の中小企業による東南アジアへの技術移転（technology transfer）

図2-1　産業集積論から新産業集積論の萌芽に至る系譜

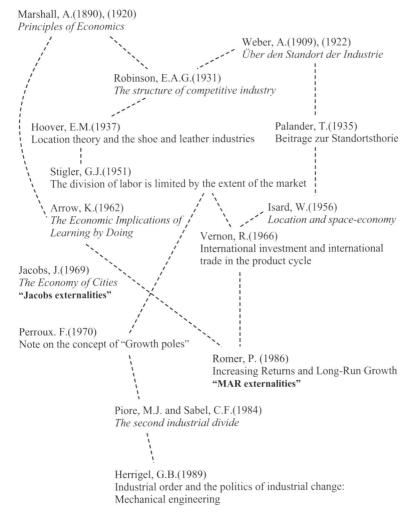

出所・松原（1999），石倉他（2003），細谷（2009），山本（2005），宮嵜（2005），原田（2009）を参考に筆者作成。

が活発化するが，それは日本の中小企業にとって歴史上初めての経験であった。この時期の中小企業の東南アジア展開に関する現地調査に基づく筆者の研究については，Kitajima（1995）および北嶋（1997）を参照。

こうした転換期の中でMarshallおよびWeberの古典的産業集積論を踏まえつつも，グローバル化時代に適用可能な産業集積論，すなわち，新産業集積論がKrugman（1991），Scott（1988）およびStorper（1997），Piore & Sabelの弟子であるSaxenian（1994），Porter（1998），そしてMalmberg and Maskell（1999）らによって展開されることになる（図2-2参照）。

(2) 新産業集積論の展開と多様化

　本研究の理論的枠組みに最も強い影響を与えている新産業集積論は，Porterの産業クラスター論とMalmberg and Maskellの近接性に関する理論であるが，その説明に入る前に，以下では，KrugmanとSaxenianの考え方について概説する。

　Krugman（1991）は，産業の局地化，すなわち，産業集積について，初めて経済学的分析を行ったのはMarshallであるとし，その源泉として，既述したように，産業地域における技術深化効果（知識のスピルオーバー効果），産業地域における裾野産業拡大効果（サプライヤー効果）および熟練労働市場形成効果（労働力のプーリング効果）を挙げた上で，経済・産業のグローバル化時代における国際貿易について従来の比較優位論に基礎を置く国際貿易論を補完しつつ，より精緻化する重要な要因として，産業の地理的集中（concentration）に注目した。彼の産業の地理的集中に関する論理は，規模の経済による収穫逓増，輸送費の最小化，需要の外部性による大きな局地的需要の3つの要素の相互作用という特徴を持っている[29]。

　一方，Saxenian（1994）は，ハイテク産業地域として脚光を浴びたシリコンバレーとルート128地域の比較を通じて，1980年代後半から1990年代にかけてシリコンバレーの地域優位（regional advantage）が確立された要因に関する実証的研究に基づいて，産業の地理的集中，すなわち，産業集積とグローバル化は矛盾するものではなく，外部の地域集団との繋がりが地域のダイナミ

---

[29] Krugmanの問題意識については，山本（2005）pp.109-132を参照。

22

図2-2　新産業集積論の展開と多様化に至る系譜

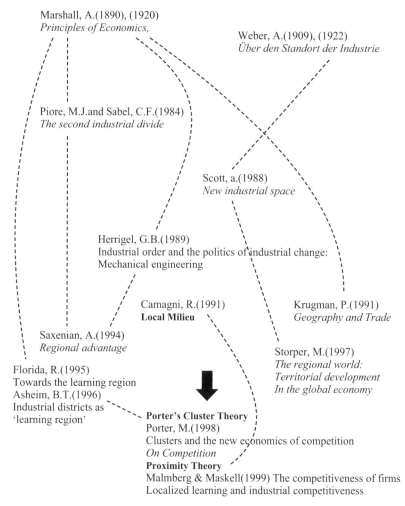

Marshall, A.(1890), (1920)
Principles of Economics,

Weber, A.(1909), (1922)
Über den Standort der Industrie

Piore, M.J.and Sabel, C.F.(1984)
The second industrial divide

Scott, a.(1988)
New industrial space

Herrigel, G.B.(1989)
Industrial order and the politics of industrial change:
Mechanical engineering

Camagni, R.(1991)
Local Milieu

Krugman, P.(1991)
Geography and Trade

Saxenian, A.(1994)
Regional advantage

Storper, M.(1997)
*The regional world:
Territorial development
In the global economy*

Florida, R.(1995)
Towards the learning region
Asheim, B.T.(1996)
Industrial districts as
'learning region'

Porter's Cluster Theory
Porter, M.(1998)
Clusters and the new economics of competition
On Competition
Proximity Theory
Malmberg & Maskell(1999) The competitiveness of firms
Localized learning and industrial competitiveness

出所：図2-1と同じ。

ズムを促進すると主張した。彼女の中心的概念は，地域産業システム（region's industrial system）である。この概念は，企業の内部構造（組織）が，企業間関係および地域の社会構造や組織とどのような関係を形成しているかを示すも

23

のであり，これは，Herrigel（1989）の産業秩序（industrial order）の影響を受けた概念とされる[30]。このように，彼女は企業活動を成立させている産業集積の経済的・社会的関係を総体として捉える概念として，地域産業システムの概念を提唱したのである。この地域産業システムは，地域の諸制度（local institutions），産業構造（industrial structure），企業組織（corporate organization）の3つの次元で構成されている。地域の諸制度には，地域に存在している様々な組織，すなわち，大学，産業団体，地方政府，社会的活動の諸団体などが含まれており，共通の認識や慣習といった地域文化も対象となる。産業構造とは，具体的には，その地域の企業間関係のあり方，社会的分業のあり方を意味している。そして，企業組織とは，企業内の中央集権と分権，責任の配分や専門化の程度といった組織の柔軟性を意味している。彼女は，これら3つの次元の相互連携性がイノベーションや信頼の醸成にとって重要な要因であると主張した[31]。

　以上のように，Krugmanは，欧州統合や北米自由貿易地域等の進展により，地域間貿易の研究には地域経済学や経済地理学の視点の導入が重要であるとして，外部経済と地域間貿易の関係性に注目した。また，Saxenianは，企業は孤立した存在ではなく，社会的・制度的枠組みに組み込まれた存在として，内部経済と外部経済を区別するのではなく，むしろ両者の相互関係性に注目したのである。

(3) 産業集積のクラスター的アプローチ

　経済・産業のグローバル化に対応するための新産業集積論の展開による1つの到達点が，Porterの産業クラスター論である。Porterによれば，産業クラスターとは，「ある特定の分野に属し，相互に関連した，企業と機関からなる地理的に近接した集団である。集団の結びつきは，共通点と補完性にある」と定

（30）この指摘については，原田（2009）p.37を参照。
（31）Saxenianの問題意識については，原田（2009）pp.21-42を参照。

義され，それは，以下の8つの要素によって構成されている。

　すなわち，第一に，最終製品あるいはサービスを生み出す企業，第二に，専門的な投入資源・部品・機器・サービスの提供者，第三に，金融機関，第四に，関連産業（下流産業：流通チャネルや顧客，補完製品メーカー），第五に，専用インフラ提供者，第六に，専門的に訓練・教育・技術支援を行う個別機関（大学，シンクタンク，職業訓練機関など），第七に，規格規制団体，第八に，業界団体ほかクラスターを支援する民間部門の団体，以上である[32]。

　原田（2009）は，Porterのクラスター論が世界的に注目された理由として，次の3つを挙げている。第一に，グローバル経済下で「立地の役割（role of location）」が新たに認識されたこと，第二に，クラスターの視点は競争の本質や競争優位の源泉を把握し易いこと，第三に，立地の優位性はダイヤモンドフレームで把握し，そのグレードアップを目指すべきとあること，以上である[33]。

　では，産業集積を産業クラスターの視点から捉えた場合，どのような次元が設定されるのだろうか。この点についてEnright（1999）は，以下の9つの次元から説明している。①地理的広がり，②密度，③幅，④一貫性，⑤活動基盤，⑥成長潜在力，⑦インベーション能力，⑧産業組織，⑨調整メカニズム，以上である。順にその意味について説明すると，第一の地理的広がりとは，それを構成している企業，顧客，供給者，支援サービスが所在する地域の範囲に関わる。1つの基礎的自治体といった限られた地域にそれらが所在することもあれば，広域に立地していることもある。第二の密度とは，企業数と経済的ウェイトを意味する。密度の高い産業クラスターでは，企業数が著しく多く，売上高も多い。密度の低いところは，企業数が少なく，経済的ウェイトも低い。第三の幅とは，共通の技術，エンドユーザー，流通チャネルで結びついた水平的な関係にある諸産業の範囲を意味する。幅が狭いクラスターでは，そう

---

(32)　以上については，Porter（1998b）pp.197-199を参照。
(33)　以上については，原田（2009）pp.21-42を参照。

した水平的関係にある産業数は少なく，サプライチェーンも単純であるが，幅が広い場合は，製品が多様で関連産業も多くなる。第四の一貫性とは，垂直的に関連した産業数に関わるものである。地域において完全または完全に近い供給連鎖を持つのは一貫性の高い産業クラスターであり，地域外から多くのインプット，技術などを入れざるを得ないのは一貫性がない産業クラスターであることを意味する。第五の活動基盤とは，バリューチェーンにおいて地域に多くの重要な基盤がある産業クラスターでは活発な活動が行われるのに対し，僅かな基盤しか持たない産業クラスターの活動は貧弱であることを意味する。第六の成長潜在力とは，特にクラスターにおけるコア産業のライフサイクルのフェーズに関わるものであり，それがサンライズの段階にあるのか，それとも真昼の状態なのか，あるいはサンセットの時期を迎えているのかといった意味である。もう1つは，その産業クラスターが外部の産業クラスターと比べて競争力があるかどうかという意味である。第七のイノベーション能力とは，産業クラスターに製品，工程，デザイン，マーケティング，ロジスティックス，経営等の分野で大きなイノベーションを実現させる能力があるかどうかということであり，一方にハイ・イノベーション，ハイテクがあり，他方にロー・イノベーション，ローテクがある。第八の産業組織とは，産業クラスター内部の企業間の関係であり，特に力関係のことである。第九の調整メカニズムとは，産業クラスターの中での企業間の調整を意味する。一方に企業間のリンクのタイプがあり，他方にコア企業を中心とするタイプがある。そして，この調整メカニズムの仕方，タイプにはスポット市場，短期のコラボレーション，長期のコラボレーション，ハイアラーキーがある[34]。

　こうしたEnrightによる産業集積のクラスター的アプローチの視点は，本研

(34) 以上は，Enright（1999）より西川（2008）pp.22-23の訳出による。なお，西川は二神による産業クラスターのアプローチにおける産業集積の次元についても言及し，コア産業，諸産業の連関，自治体・NPO組織等，企業・組織間における競争と協力・補完，社会的インフラストラクチャー，近接性，の6つを紹介している。以上については，西川（2008）pp.24-31，二神（2008）を参照。

究に対して非常に重要な示唆を含んでいる。なぜならば，これまでの産業クラスターに関する研究や論説の多くは，産業集積と産業クラスターを集積[35]として同じように扱ったり，逆に両者を対峙させたりする論考が少なくない。しかし，本研究では，そうした立場をとらない。なぜならば，本研究では，Enrightの産業集積のクラスター的アプローチを手掛かりにクラスターの機能に注目し，クラスターを既存産業集積内にイノベーションを創出させ産業集積そのものを転換させる仕組みや戦略として捉えているからである。

(4) イノベーション創出における知識創造と近接性

クラスター形成によって，既存産業集積内にイノベーションが発生するが，イノベーションや技術変化といったダイナミックな過程では，不確実性を低下させる機能を実際に受け持つ新しい機構や制度が要求される。こうしたイノベーション過程における不確実性の低下機能に注目したのが，イタリアのCamagni（1991）を代表とするグループである。彼らはローカル・ミリュウ（local milieu）論を提唱し，ローカル・ミリュウはイノベーションを発生させるためのローカルな環境とされる。その特徴は，これまで経済学では捨象されてきた不完全情報，限られた合理性，累積的過程の存在，不確実性の存在などの要素を集積論に取り込んだ点にある。

ローカル・ミリュウの不確実性低下機能は具体的には，次の5つに分類される。①集団的なスクリーニング機能，②市場におけるシグナリング機能，③地域労働市場のモビリティ・カスタマーとサプライヤー間の情報交換，カフェテリア効果などを通じた集団的学習，④経営スタイルや意志決定方式の集団的過程，⑤個人的リンケージを通じた意志決定調整のインフォーマルな過程，以上である。さらに，これらの機能が作用する前提条件として，①ローカルな人的資源，②ローカル・アクター間のインフォーマルなネットワーク，③共通の文

（35）　集積論において集積を意味する英語については，Localization, Agglomeration, Districtなどがあるが，本研究ではDistrictを使用する。

化的，心理的，そして政治的な背景に由来するシナジー効果，つまり，経験の共有からもたらされる信頼関係，以上の3つが挙げられる[36]。このように，彼らの理論は極めて社会学的であるが，こうした理論は，Malmberg & Maskell（1999）の地理的近接性としての集積における知識創造の理論に影響を与えることとなる。

　Camagniの影響を受けつつ，産業集積を空間的近接性という概念に置き換えて，イノベーション形成における知識創造の重要性を主張しているのが，Malmberg & Maskell（1999）である。彼らは，ローカル・ミリュウでなされる学習が経路依存的であり，したがって，歴史が重要とあることを指摘しつつ，近接性という地理的要因の重要性も主張している。確かに，Cairncrossの"the death of distance（距離の死）"という表現に象徴されるように，情報通信技術の革新によって，遠距離間の相互作用的な学習が可能になっているが，彼らは，「ある種の情報と知識の交換は，定期的で直接的な対面接触を必要とし続ける。問題となる知識が暗黙的であればあるほど，交換に関与するアクターたちの間の空間的近接性はより重要になる」とし，近接性という地理的要因の重要性を主張している[37]。

　本研究では，この「近接性」の概念をクラスター形成に関する戦略的分析概念の中心に位置づけているが，Malmberg & Maskellの言う「近接性という地理的要因」とは，複数ある近接性次元の中の地理的近接性（geographical proximity）を意味しており，この次元を含む近接性の概念については，前章の理論的枠組みで既に説明したとおりである。

　以上のように，1990年代以降，経済・産業のグローバル化（globalization）や情報・交通インフラの発達によって，古典的産業集積論は変更を余儀なくされたが，その"一種の混乱"が示した新産業集積論には，少なくとも2つのベクトルが存在しているものと考えられる。1つは，Marshall産業集積論への進

---

(36) 以上のローカル・ミリュウ論の特徴については，友澤（2002）pp.36-41を参照。
(37) 以上のMalmberg & Maskellの主張については，山本（2005）pp.153-158を参照。

化的な回帰である[38]。そして，もう1つは，MarshallやWeberが生きた時代，すなわち，近代工業の黎明期といった「第一の分水嶺」以前への進化的な回帰である。しかし，この2つのベクトルには共通点がある。第一に，経済・産業のグローバル化によって，これまで以上に産業集積の重要性が主張されていること，第二に，地理的近接性や対面的コミュニケーションの重要性が主張されていること，第三に，産業集積内のイノベーション形成における知識創造といった従来の経済学が捨象してきた社会学的概念との関係性を深めたこと，以上の3点である。

　ところで，Friedmanは，その著『フラット化する世界』の中で，「ローカルのグローバル化」に触れ，パリのソルボンヌ大学で通信学博士号を得ているバネルギー氏の言葉を借りて以下のように述べている。「アジアでのグローバリゼーションは英語化が進むかと思いきや，まったく逆です。（中略）国外移住者の市場とは，移住者の国の言語の国際新聞，国際テレビ・ラジオ局なのです。これをローカルのグローバリゼーションと呼ぶことにしています。グローバルがやってきてわれわれを包み込むのではなく，ローカルのほうがグローバルにひろがります。（中略）世界中にさまざまな国の人間が拡散すれば，世界各地の孤立集団に向けて発信する衛星通信施設を有効利用できます。そうした孤立集団をつなぎ合わせれば，巨大なグローバル市場になります」[39]。

　このように，彼がその著の中で繰り返し述べているのは，フラット化する世界は，単に米国型スタンダードが世界に蔓延し，文化が平板化することを意味するのではなく，むしろ，バネルギー氏が指摘したように，ローカルのほうがグローバルにひろがることを意味しているのである[40]。この見解は，クラスター的アプローチによって，個々の産業集積がグローバルに繋がることを示唆

（38）Weberの考えはScottやStorperに受け継がれているが，WeberはMarshallに比べて厳密であるが，極めて限定的に集積のロジックを展開している点（石倉他，2003，p.46）で新産業集積論やクラスター論への影響はMarshallほど強くはないものと推察される。

（39）Friedman（2008），日本語訳（2008）pp.245-246を参照。

（40）この指摘については，北嶋（2010）を参照。

しているとも解釈することができる。では，特に1990年代以降，経済・産業のグローバル化の中で，日本の産業集積およびその主要アクターである中小企業に関する政策はどのような変遷を見せたのだろうか。そこで，次節では，1990年代の日本の中小企業政策および地域産業政策等の変遷とその後登場してくる"日本版クラスター政策"の特徴について検討する。

2-2 日本の中小企業，産業集積およびクラスター政策

(1) 90年代の産業集積の変化と中小企業政策

　1990年代，Saxenianの研究で知られるシリコンバレーは，プロダクトイノベーションの創出拠点，新しいタイプの産業集積として注目されることになる。この時期，日本の経済は，バブル経済崩壊後の景気低迷（平成不況）から長らく抜け出せずにいた。80年代の日本は工業化社会におけるプロセスイノベーションの競争優位を獲得したが，その後，急速に進んだ経済・産業のグローバル化，情報通信技術の進展，さらに，知識集約化の時代に向けたパラダイムシフトへの対応に遅れた。そのため，プロダクトイノベーションの習得先としてシリコンバレーモデルが注目され，産業政策の転換が図られることになる。具体的には，1994年の産業構造審議会総合部会基本問題小委員会報告書「21世紀の産業構造」において，12の新規・成長分野が提示され，続く1997年の「新規産業創出環境整備プログラム」，同年「経済構造の変革と創造のための行動計画」では，15の新規産業分野が示された[41]。同時期の中小企業政策について清成（2009）は，以下のように分析している。「バブル経済の崩壊，不況の長期化，経済のグローバル化の進展は，既存の中小企業の存立基盤を掘り崩した。1994年10月には通産大臣から中小企業近代化審議会に対して諮問が出され，同年12月に答申『創造的中小企業振興策の在り方について』が出

---

(41) 以上の経緯については，長山（2010）pp.127-130を参照。

された。これに基づき，1995年4月には『中小企業の創造的事業活動の促進に関する臨時措置法』（以下，『中小企業創造活動促進法』という。1995年法律第47号）が施行された。（中略）要するに，中小企業創造活動促進法は，ベンチャービジネスないしはベンチャービジネスを志す既存企業を個別に支援する法律であるといえよう。これまでの中小企業政策と比較して，政策対象の大転換が目につく。ただ，この法律はその施行以来，順調に活用がなされているものの，施策は必ずしも十分ではなく，1995年末にはその拡充案が中小企業近代化審議会で検討され，法制化が進められた。とはいえ，ここで政策対象とされている創造的中小企業は，必ずしもブレークスルー型のベンチャービジネスではなく，ほどほどに創造的な中小企業である。それだけに，ベンチャーキャピタルの投資対象になりにくく，政策手段の整備は容易ではないと思われる」[42]。

　以上から，この時期，日本は新産業集積モデルとして米国のシリコンバレーモデルを標榜しつつ，ベンチャー企業創出を政策の前面に押し出したものの，その実態は既存中小企業の新事業展開を指向する傾向が強く，その結果，日本におけるシリコンバレー型のベンチャービジネスの創造，あるいは，大学発ベンチャービジネスの創造は，期待されたほどの成果を発揮できず"失敗"に終わることになる。これはキャッチアップ的思考に支配された日本の産業政策の限界でもあったと言える[43]。この時期からバブル経済崩壊の後遺症は長く続くことになるが，もはや日本は，どこかの国や地域に"モデル"を見つけ，それを日本版にモディファイして政策に反映するといったキャッチアップ的思考ではなく，自らフロント・ランナーとして，創造的思考に切り替えなければならない時期に差し掛かっていたのである。これに関連して，吉田（1996）は，フロント・ランナー型産業構造へのパラダイム転換の必要性を主張し，以下のように分析している。「国内市場の成熟化とキャッチアップ型産業構造の高度

---

(42) 以上の分析については，清成（2009）pp.210-211を参照。
(43) このキャッチアップ的思考は，日本の大学も例外ではないと筆者は考えている。

化を背景にして，85年のG5・プラザ合意を契機とした円高局面ならびに90年代の平成不況下の産業構造転換過程において，一方で生産の海外移転は個々のメーカーを象徴するブランド製品群の部類にまで及ぶとともに，他方では標準機能充足型の中級品レベルでは素材生産・加工・組立にとどまらず，研究開発機能まで海外に移管され，ほとんどすべてのタイプ・用途・グレードの製品を国内で一貫して生産するというフルセット型の生産構造はその歴史的使命を終え，根本的な再編成という課題に直面するに至ったのであった」(44)。

(2)「技術の集積構造」と展開力

　90年代は，東アジアを視野に入れた新たな産業集積の構築が開始された時期でもあった。上述したように，国内でのフルセット型の生産構造は崩れ，東アジアとの共生の時代に入ったのである。その変動を関（1993）は，技術の集積構造という概念で，以下のように分析した。「日本の産業構造は機能的な意味で『フルセット型構造』を形成してきたことにふれたが，産業の展開力を基礎づける『技術の集積構造』においても，日本は一国内に非常に優れた『フルセット型構造』を形成してきたのであった」とし，技術集積の三角形モデル（三層構造）を提示した。このモデルでは，「基盤的技術」，「中間技術」，「特殊技術」の三層の構造が不可欠であり，それらがバランス良く積み重なっていることが重要とされ，日本は近代工業化百年の歩みの中でバランスのとれた「富士山型」の「技術の集積構造」を形成することに成功し，しかも，日本はすべての技術分野を一定レベルで一国内に抱え込むという「フルセット型」の「技術の集積構造」を形成してきたとしている。さらに，基幹産業の交替という事態に直面した場合，つまり，A財からB財への展開が不可欠とされた場合，それを発展させていくためには「技術の集積構造」は，点線部分のような三角形にシフトするとしている（図2-3を参照）。そして，1990年代初頭の東アジア諸国地域の技術集積構造を比較分析した上で，「技術の集積構造」をめぐる相

---

(44) 以上の分析については，吉田（1996）p.240を参照。

図2-3　関が90年代前半に示した技術の集積構造の概念図

A財　➡　B財

中間技術 ｝「ハイテク」部門で大企業，中堅企業，ハイテク型ベンチャー企業に担当領域

特殊技術 ｝生産技術，組立技術など特殊技術と基盤的技術を繋ぐもの，かつて「ハイテク」だった技術

基盤的技術 ｝鋳造，鍛造，メッキ，熱処理，塗装，機械加工，プレス，プラスチック成型など中小企業の担当領域

補足：三角形の高さは全体の技術レベルの高さ，幅は技術集積の厚みを意味する。各技術の
　　　説明は自動車産業を想定したものである。
出所：関（1993）pp.102-105を参考に筆者加筆作成。

互依存関係の密接化，あるいは，「東アジア・ネットワーク」の形成の必要性を主張したのである[45]。

(3) 国内機械工業の地域間分業構造

　山脈構造型社会的分業構造の概念で知られる渡辺（1997）は，工業集積という概念で，日本の機械工業の地域間分業構造を明らかにした[46]。彼は，工業集積地間の機能の差異をもたらし，棲み分けをもたらす要因を解明するため，工業集積度の水準の違いと一般的な工場の立地条件の差異に注目した。工業集積度の水準が高いほど孤立立地した工場や工業集積度水準の低い工業集積では不可能なあるいは非常に高いコストを必要とする機能を実現することが可能になり，同時に一般的立地条件が悪化するほど，その工業集積でなければできない生産機能に特化しなければ，工業集積そのものが再生産できないとした。さらに，工業集積度水準の違いは，量的にとどまらず内容の変化が激しく量的変

(45) 以上の分析については，関（1993）pp.101-119を参照。
(46) 渡辺の山脈構造型社会的分業構造の概念図については，渡辺（1997）pp.158-
　　168を参照。

動も激しく，発注が断続的でかつ不規則な需要への対応能力の差異を各既存工業集積に対してもたらすものであり，単なる生産能力の大きさを示すものではないとし，工業集積度とは，①既存工業集積地域内に立地する工場数，②それらの工場の専門化の程度，③取引形態・内容の多様性の程度，④工場相互間の取引上の繋がりを中心とした繋がりの錯綜性の程度，以上の4点から測定されるとした[47]。

　渡辺は，長年に亘る丹念な実態調査に基づいて，日本の機械工業における地域間分業構造の特徴を明らかにした。その全体像については，以下のように述べている。「大都市圏工業集積や地方工業集積の多くは，インフラストラクチャー整備による取引関係の広域化の進展のもとで一体化し，既存の工業集積を越えた広域的な機械工業圏を形成した。現時点（1997年時点，筆者補足）で見れば，広域関東圏，中部圏，関西圏という規模でそのような広域機械工業圏が形成されていると見ることができよう。この広域機械工業圏は，その圏域に立地する特定加工に専門化した受注生産型企業が，安定的に流れるもの以外，すなわち，量的に安定し定期的に発注がされる繰返し型の仕事以外のものについても，企業間の日常的な人的接触を必要としない部分については，十分仕事のやりとりを行える範囲である。これらの仕事内容の取引は，かつては既存の工業集積の範囲内でのみ可能なものであった」[48]。とし，地域間分業構造の概念図を提示したのである（図2-4を参照）。

(4) クラスター的アプローチへのシフト

　以上のように，1990年代の日本の産業（工業）集積については，主に中小企業研究を専門とするフィールドワーク型の経済学者らによって，綿密な分析

---

(47) 以上の考察については，渡辺（1997）pp.255-256を参照。なお，渡辺は工場数の量的多様性は，集積の経済性を論じたScott & Storperの議論でいうところの「集積の規模の経済性」にあたるとしている（渡辺，1997，p.256）。この指摘や工業集積の用語などから渡辺はMarshallianよりもWeberianに近いものと推察される。

(48) 渡辺（1997）pp.268-269.

図2-4 渡辺が90年代後半に示した地域間分業構造の概念図

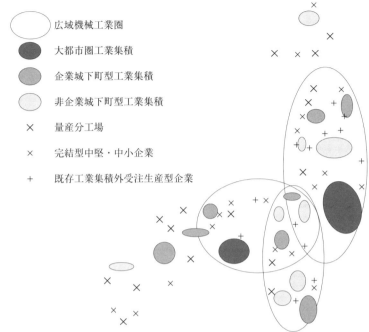

広域機械工業圏

大都市圏工業集積

企業城下町型工業集積

非企業城下町型工業集積

× 量産分工場

× 完結型中堅・中小企業

+ 既存工業集積外受注生産型企業

出所：渡辺（1997）p.270に基づいて筆者作成。

が行われていたことを窺い知ることができるが，関や渡辺が提示した技術集積や工業集積をPorterの産業クラスターの定義，すなわち，「ある特定の分野に属し，相互に関連した，企業と機関からなる地理的に近接した集団」と照らし合わせてみるならば，機関といったアクターは含まれていないものの地理的に近接した集団という意味で既に"広義のクラスター"を描出していたものと推察される。

　しかし，Porterと90年代日本の産業集積論の最大の違いは，Porterの産業クラスターが，アクター間の水平的関係性を重視しているのに対して，日本の産業集積論は，大企業，中堅企業，中小企業間の階層的取引構造に軸足を置いている点で垂直的関係性を重視した概念であったと捉えることができる。

図2-5　田中が90年代後半に示した下請企業の技術発展パターン

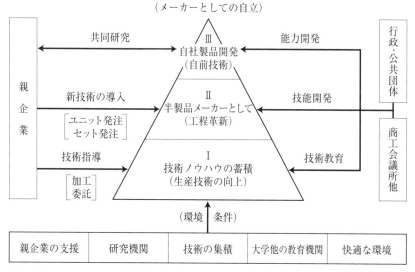

出所：田中（1996）p.189を参考に筆者作成。

　こうした日本の産業集積の階層的構造を踏まえつつも，Porterの産業クラスターを予感させる概念図が日本でも90年代後半に登場する。それは，田中（1996）の論文である。彼は中小企業の研究開発戦略として図2-5のような概念図を提示し，中小企業が研究開発を進める上での留意点として，①リクルートと適材適所，②協同による研究開発，③異業種交流グループの活用，④コンスタントな研究開発，以上の4点を指摘したのである。

　図2-5に示されているように，田中の下請企業の技術発展パターンでは，中小企業の技術を階層化し，各階層における親企業（発注先企業）との関係（連携）を表しているが，この図で最も重要な点は，親企業以外の多様な外部機関との連携を示したことである。これは，まさにPorterの産業クラスターの定義に合致している。この時期，既に田中は，日本の産業集積の中に存在する親企業と下請中小企業の階層的関係を前提としながら，中小企業の研究開発において，大学を含む多様な外部機関との連携，すなわち，多様なアクターとの連携

の必要性を指摘していたのである。そして，90年代後半におけるこうした中小企業の外部連携の必要性は，その後の中小企業政策，さらに，日本版産業クラスター政策の性質に影響を与えることになる。

(5) 中小企業政策と日本版産業クラスター政策

1990年代後半から，産業集積，中小企業のイノベーションおよび産業クラスター政策に関連する法律が登場する。1997年の「特定産業集積の活性化に関する臨時措置法」（以下，地域産業集積活性化法），1999年の「新事業創出促進法」である。まず「地域産業集積活性化法」は，わが国のモノづくりの基盤であり，かつ地域経済の担い手である基盤的技術産業が集積する地域で，事業間連携といった集積のメリットを活用した新たな事業展開をする事業者を支援することを目的としていた。

次に，「新事業創出促進法」は，技術，人材その他のわが国に蓄積された産業資源を活用しつつ，創業等，新商品の生産もしくは新役務の提供，事業の方式の改善，その他の新たな事業の創出を促進するため，個人による創業および新たに企業を設立して行う事業並びに新たな事業分野の開拓を直接支援するとともに，中小企業者の新技術を利用して，地域産業の自律的発展を促す事業環境を整備する措置を講じることにより，活力ある経済社会を構築していくことを目的としていた。特に同法の特徴は，公共投資による景気浮揚策ではなく，資源ベース・アプローチでの活性化を取り込むものであり，総合的な支援策が実施されることとなった[49]。

このように，1990年代後半は「産業集積の活用」に焦点を当てた法律が施行され，1998年には，「大学等技術移転促進法」（TLO法）が制定されたことで，大学の技術や研究成果を民間企業へ移転する技術移転機関の活動を国が支援することとなった。そして，2001年の経済産業省による「産業クラスター

---

[49] 同法では，従来の地場産業を「B集積」，鋳造，鍛造，鍍金，金型等の基盤的な都市型産業を「A集積」と定義している。以上については，西川（2008）p.103，松原（2013）p.57を参照。

政策」，2002年には文部科学省による「知的クラスター創成事業」が開始され，日本におけるクラスター政策の展開が本格化することとなった[50]。

　一方，中小企業政策では，まず，1999年の「中小企業基本法」の改正を指摘することができる。この新「基本法」では，中小企業を「新産業創出の担い手」，「就業機会増大の担い手」，「市場競争の担い手」，「地域経済活性化の担い手」として位置づけ，従来の問題型中小企業観から中小企業を発展性と積極的役割において捉える積極型中小企業観へ180度のパラダイム転換が行われた[51]。

　次に，2005年に中小企業新事業活動促進法の施行を指摘することができる。その特徴は，中小企業の創造的事業活動の促進に関する臨時措置法（中小創造法），新事業創出促進法，中小企業経営革新支援法を整理統合したもので，さらに，「新連携」への支援を新たな柱として加えた点にある。

　この「新連携」とは，異なる分野で事業を行っている複数の中小企業が，各企業が持つ様々な強みを持ち寄ってゆるやかなネットワークを形成し，あたかも1つの事業体のように振る舞って単独企業ではなし得なかった高付加価値の商品・サービスの提供を行う事業形態を意味し，新連携の支援のために全国9ヵ所のブロックに「新連携支援地域戦略会議」が設置された。同会議事務局には商社や金融機関，経営コンサルタントなどビジネスに精通し，様々な支援機関とネットワークを持った者がプロジェクトマネージャーとして置かれ，中核となって個別支援チームを組成し，事業計画の策定段階から研究開発，販路開拓等の様々なステージにおける支援が開始されたのである[52]。

　また，2006年には「中小企業のものづくり基盤技術の高度化に関する法律」（以下，「中小ものづくり高度化法」）が中小企業の担うものづくり基盤技術の

---

(50)　知的クラスター創成事業を題材とした地域イノベーションの研究については，野澤（2012）を参照。
(51)　この分析については，渡辺・小川・黒瀬・向山（2001）p.296を参照。
(52)　以上については，中小企業庁「中小企業新事業活動促進法の概要について2005年4月」http://www.chuokai.or.jp/hotinfo/gaiyo-.pdf（2017年5月29日閲覧）を参照。

研究開発およびその成果の利用への支援を通じてその高度化を図り国民経済の健全な発展へ寄与することを目的として制定された[53]。

一方，2007年には，地域による主体的かつ計画的な企業立地促進等の取り組みを支援し地域経済の自律的発展基盤の強化を図ることを目的とし，地域の強みと特性を踏まえた個性ある地域の産業集積の形成，活性化を目指す「企業立地促進法」が施行されている[54]。

ここで，1990年代から2000年代初頭までの産業立地政策の変遷の概略を示すと図2-6のようになる。この図が示すように，日本にけるクラスター政策は，90年代後半の中小企業政策の動向と密接に関連していたものと推察される[55]。そこで，以下では，経済産業省の「産業クラスター計画」を中心に日本版産業クラスターについて検討してみたい。2001年から開始された経済産業省の「産業クラスター計画」は，特に法律を制定せず，関連する法律を援用しながら地域の産業集積を活性化し新産業を創出し，雇用拡大を図ることを指向していた。これは，1983年の「高度技術工業集積地域開発促進法」（以下，「テクノポリス法」，または，「テクノポリス構想」），その2年後の1985年の「地域産業の高度化に寄与する特定事業の集積の促進に関する法律」（以下，「頭脳立地法」，または，「頭脳立地構想」）と類似した内容を含んでおり，テクノポリス構想，頭脳立地構想は，プレ産業クラスター計画とみなすことができる[56]。

---

(53) 清成は21世紀初頭の重要な中小企業施策として，この「新連携」と「中小ものづくり高度化法」を挙げている。以上については，清成（2009）pp.287-289を参照。

(54) 同法は一部を改正する法律案（通称：地域未来投資促進法案）」が閣議決定され，2017年7月31日より施行されている。経済産業省ホームページhttp://www.meti.go.jp/policy/sme_chiiki/chiikimiraitoushi.html（2017年8月5日閲覧）を参照。

(55) 民主党政権が実施した「事業仕分け」により2011年度から「産業クラスター計画」「知的クラスター創生事業」や「都市エリア産学官連携促進事業」は「地域イノベーション戦略推進地域」に一元化された。

(56) この指摘については，二神・西川（2005）pp.24-28を参照。ところで，日本のテクノポリス構想は，フィンランドの地域産業政策の参考となり，その後，「オウルモデル」として世界的に注目されることになる。日本のテクノポリス構想が途中で頓挫したのに対して，フィンランドは徹底した民間主導型で同構想を成功させたことは

図2-6　90年代後半から2000年代初頭までの産業立地政策の変遷

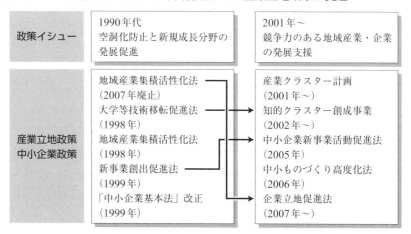

出所：松原（2013）p.54，清成（2009）pp.294-297，渡辺他（2001）pp.293-299を参考に
筆者作成。

　このような経緯によって策定された経産省の「産業クラスター計画」（以下，
日本版産業クラスター政策）における "クラスター" の意味は，自ずとPorter
が提唱したクラスターの定義とは異なる様相を呈することになる。なぜなら
ば，日本版産業クラスター政策では，第一に，既に中央政府の基本図案に基づ
いて経産局というブロック単位でクラスター事業が計画されていること，第二
に，既述の「新規産業創出環境整備プログラム」および「経済構造の変革と創
造のための行動計画」で示された重点産業に準拠する形で個々のクラスターの
ターゲット産業が決定されている傾向が濃厚であること，以上の理由による。
既述したPorterのクラスターの特徴，すなわち，①クラスターの集団特性，②
クラスターの地理的空間，③クラスターの構成要素と照らし合わせてみるなら
ば，少なくとも，②のクラスターの地理的空間を地域ブロック単位で限定して

何とも皮肉な結果と言わざるを得ない。以上については，現地調査に基づきフィンラ
ンドの地域産業政策について考察した北嶋（2009）の研究を参照。また，オウルICT
クラスターに関する詳細な研究については，笹野（2006）を参照。

しまっている点において，日本版産業クラスターは，Porterのクラスターとは
異なっている。さらに，新産業創出に重点を置いた日本版産業クラスターは，
下記に示すように，Porterのクラスター理論に関する見解とも相違を見せてい
る。竹内訳のM.ポーター『競争戦略論Ⅱ』からその一端を抜き出すと，次の
ようになる。Porterは言う。「クラスターのなかには，大学による研究プログ
ラムを中核としたものもあるが，公式な技術研究機関の資源にほとんど頼って
いないクラスターもある。クラスターは，ハイテク産業でも伝統的産業でも生
まれるし，製造業でもサービス業でも形成される。現実には，クラスターにお
いてはハイテクとローテク，製造業とサービス業が混ざり合っている場合も多
い」[57]。さらに，Porterは明言する。「産業政策という概念は，国際競争をゼロ
サム・ゲームとしてとらえているようにも見える。つまり，対象となる需要は
一定であり，目標は，個々の市場でできるだけ大きなシェアを握ることにな
る。クラスター理論はこれとは極端なまでにかけ離れている。クラスターとい
う概念は競争をもっと幅広くダイナミックに生産性の成長に立脚した企業間，
立地間の競争としてとらえる。生産性の成長に影響を与えるのは，個々の企業
の規模よりもむしろクラスター内部の相互関係やスピルオーバーである場合が
多い。（中略）産業政策が，特定の立地に有利なように競争を歪めることをめ
ざすのに対して，クラスター理論は生産性とその成長を阻む制約を排除するこ
とに集中する。クラスター理論は，市場シェアよりもダイナミックな改善を重
視する。その結果，要するに，生産性の改善と貿易は市場の拡大につながり，
より高い生産性とイノベーションをめざせば，多くの立地が繁栄しうるという
競争観へとたどりつくのである」[58]。

　上記のように，新産業創造およびハイテク産業重視の傾向の強い日本版産業
クラスター政策は，ローテク産業，伝統的産業，あるいは，サービス業まで視
野に入れたPorterのクラスター理論とは，明らかに異なっている。さらに，新

（57）　Porter（1998）・竹内訳（1999）p.169を参照。
（58）　Porter（1999）・竹内訳（1999）pp.173-174を参照。

産業創造を目途した日本版産業クラスター政策は，まさに，産業政策として位置づけられており，その時点で，既にPorterのクラスター理論とは，異質なものになっていたものと推察される[59]。

これに関連して，日本版産業クラスター政策の問題点について，寺田（2009）は，次のように指摘している。「『産業クラスター計画』は，産学官・産産連携のネットワーク形成を梃子に特定の戦略的産業分野でのイノベーションを促進することによる国家的な新規産業の創出・発展策である。これは，イノベーション重視という点では確かにポーターの議論と共通するが，そのナショナルな性格，ハイテク産業中心に新規産業の創出・発展を目指す点，政策内容・政策手段の面ではポーターの政策論に見られる総合性が後退し，ポーターが産業政策的とする直接的助成を多く採用している点などにおいて，ポーターが展望する産業クラスター政策とは大きく異なる。むしろ，これまでわが国で実施され，そして，ポーターが否定する産業政策との共通性が非常に強いのである」[60]。

以上のように，日本版産業クラスター政策は，厳密には，Porterクラスター理論に沿ったものではない。しかしながら，より重要なことは，Porterクラスター理論の登場を受けて，90年代後半から日本国内において，国内産業集積の捉え方，中小企業の位置づけ，産学官連携，地域の多様な資源の活用の必要性といったように，産業政策に対する認識構造が大きく変化したという事実である。Porterクラスター理論は，日本の既存産業集積の再生およびそこに存在している多くの中小企業のイノベーションを促進する産業政策転換への端緒となったのである。

この点に関連して，二神・西川（2005）は，Rains（2001）の論文を参考にしつつ，次のように指摘している。「産業クラスター計画では，知識の共有や

---

(59) 以上の分析および経済産業省「産業クラスター計画」，文部科学省「知的クラスター創成事業」がスタートするまでの経緯については，北嶋（2006）を参照。
(60) この指摘については，寺田（2009）p.11を参照，また，これ以外にも日本の産業クラスター計画に関する批判については，山本（2004）を参照。

学習，イノベーションのプロセスは，地理的に限定された，あるいは近接した
地域においてこそ起こりやすいものである，という認識から，地域における研
究・教育機関との連携が奨励される。加えて，クラスターに参加する企業や個
人がネットワークを形成し育てることへの支援なども，各種の政策を連動させ
ることによって果たされる。通常は共通点をもたない多種多様な政策を統合す
ることの重要性や，限られた幅の産業セクター内に焦点を絞った特別なアク
ションを行う必要性といった観点も，産業クラスター・アプローチによって得
られる新たな見識なのである」[(61)]。

---

(61) 二神・西川（2005）pp.226-227を参照。

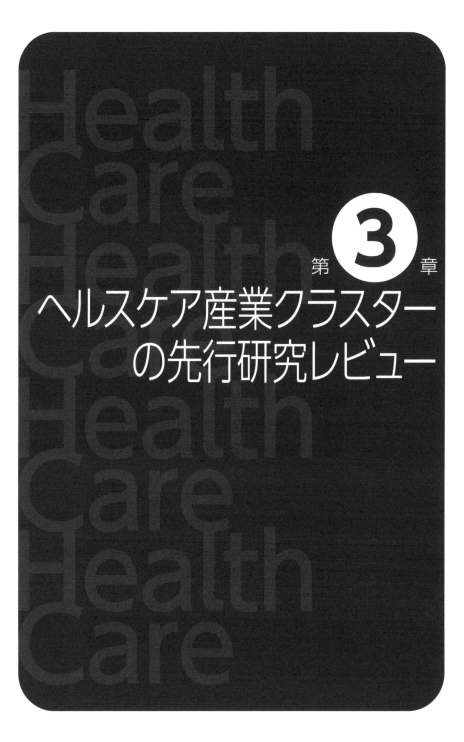

第3章

ヘルスケア産業クラスター
の先行研究レビュー

3-1 主な先行研究について

　本章では，ヘルスケア産業クラスターに関連する先行研究について，国内の
クラスターおよび海外のクラスターに関する先行研究についてレビューした上
で，本研究のオリジナリティを提示する。日本の医療機器クラスターの動向分
析については，日本政策投資銀行（2014）の日本の医療機器クラスター形成
に関する調査レポート，研究論文については，田中（2014）の医療産業クラ
スターと地域活性化に関する研究，長山（2016）の浜松地域の医工連携によ
る地域イノベーションに関する研究などがある。また，ヘルスケア産業に関す
る小論については，市來（2013）の東海地域の中小企業における新事業展開
としてのヘルスケア産業の可能性を分析したレポート，さらに，豊富な事例調
査に基づいて医療・健康・衛生機材産業における中小企業の新規参入の成功条
件を分析した海上（2013）の研究などがある。

　一方，医療機器を含む海外のヘルスケア産業クラスターに関連する先行研究
については，Hibert, Nordhause-Janz and Rehfeldほか（2004）のドイツ
NRW（ノルトライン・ヴェストファーレン）州における医療機器クラスター
の形成メカニズムに関する研究，Porter（2011）の米国ミネソタ州の医療機器
クラスターの停滞要因および他の米国内の医療機器クラスターとの比較分析に
関する研究，山本（2014）によるバーデン・ヴュルテンベルク州の外科治療
器具産地に関する研究などがある。

3-2 国内の先行研究レビュー

　上記のように，医療機器クラスターを含むヘルスケア産業のクラスター形成
に関する研究はそれほど多くない状況にあるが，その中で，本研究の理論的枠
組みであるIDTモデルと関連すると考えられる国内の先行研究としては，以

下の2点を挙げることができる。一点目は，田中（2014）による医療産業クラスターによる地域経済活性化に関する研究，二点目は，長山（2016）による医工連携による地域イノベーションに関する研究である。

(1) 田中（2014）の研究について

　田中（2014a）の「医療産業クラスターによる地域経済活性化」[62] は，岡山県の「メディカルバレー構想」を取り上げ，岡山大学等の先進的シーズと県内企業の精密生産技術を活かした医療機器分野への進出状況等に関するインタビュー調査および既存資料に基づいて考察したものである。岡山県では「メディカルテクノバレー構想」を策定し，医療産業クラスターの形成を推進しており，メディカルテクノおかやまの設立，先端医療イノベーションセンター，医療機器関連組織であるメディカルネット岡山等を設立して，産学官共同研究や大学発医療系ベンチャーの設立支援事業等を推進している。

　こうした動向を踏まえて田中は，創薬・再生医療企業については創業したメディカルベンチャー企業の大半が撤退するなどクラスターの形成に失敗している一方で，医療機器関連産業については船舶用プロペラメーカーであるナカシマプロペラのメディカル事業から成長した人工関節のナカシマメディカル㈱[63] や京都大学発ベンチャー企業である㈱日本ステントテクノロジーを中心とする産学官連携などを取り上げつつも，同県の医療産業クラスターは形成途上にあると分析している。

　岡山県では既存の産業集積をベースにミクロものづくりクラスターの形成を目指し，ターゲットとして次世代自動車産業，航空機産業，ロボット産業，高度医療機器産業，新エネルギー産業の分野を重点育成分野として取り組んでおり，医療産業クラスターは，その一環をなすものである。医療産業クラスター

---

(62) 同論文は，田中（2014b）の第4章に掲載されている。

(63) 2015年2月23日より社名は「帝人ナカシマメディカル㈱」となっている。以上については，帝人㈱プレスリリースhttps://www.teijin.co.jp/news/jbd150223.pdf（2016年11月22日閲覧）を参照。

の形成は，難易度が高いのが一般的であることから，田中論文は，今後の課題として，第一に，治療系機器をターゲットにすること，第二に，世界市場を視野に入れた企業の育成の必要性，第三に，第二創業に重点を置いた施策の策定・実行，第四に，医療機器ベンチャーを吸引する仕掛けづくり，第五に，他の医療産業クラスターとの連携による共同研究など，本研究にとって示唆に富む提案が行われている。

　以上のように，田中論文では岡山県の「メディカルテクノバレー構想」の概要と企業事例が分かり易く紹介されており，岡山県の医療産業クラスター形成に関する一種の解説書となっている。しかしながら，田中論文は，医療産業クラスターの形成に関する動向分析ではあるものの，クラスターの定義が明示されておらず，純粋にPorterクラスター理論に準拠した上で，岡山県の医療産業クラスターを評価しているのか否か定かではない。そのため，本研究前章（第2章）の産業集積論・クラスター論の展開で言及したように，この田中論文においても，産業集積と産業クラスターの混同（confusion）が窺える。また，動向分析では，インタビュー調査に加えて，新聞情報などの二次的情報が豊富に活用されているが，研究者自身の分析枠組みが明確でないため，全体的に記述的な内容に留まっている。

(2) 長山 (2016) の研究について

　長山（2016）の「医工連携による地域イノベーション―浜松地域の実践コミュニティを事例に」（『商工研究』2016年8月号掲載）[64] では，西澤ほか（2012）を参考に，まずは，「クラスター」と「エコシステム」の違いを明確化している。すなわち，Porterの産業クラスター論は，集積を前提とした静態的モデルであり，政策的志向に欠けていたのに対して，地域エコシステム論は，NTBFs（New Technology-based Firms）の簇業・集積に向けたプロセス

---

(64) 同論文は，2015年度日本学術振興会委託調査研究「地方創生と中小企業」の報告書の一部として纏められたものである。

を動態的に捉えており，また，産業クラスター論が「既存企業のイノベーション能力の向上による地域経済再生論」であるのに対して，エコシステム論は「大学発ベンチャーの集積とハイテク産業の形成論」であるとしている。その上で，長山は，こうした概念規定とは別に，政策において「クラスター」と「エコシステム」の誤用が散見されると指摘している。長山は，医工連携は「医」と「工」のネットワーク論として捉えられるとし，知識創造スパイラルモデルとの関係から「場」の理論の4つのタイプ，すなわち，①共同化の文脈となる「創発場」，②表出化の文脈となる「対話場」，③既存の形式知を連結化する際の文脈となる「システム場」，④内面化の文脈となる「実践場」について言及している。

　その上で，長山論文では，医療機器産業の集積形成に向けての条件および実践的な医工連携モデルの帰納的導出に対して，「場」の理論ではなく，「実践コミュニティ（communities of practice，以下COP）」の概念を用いて事例分析を行っている。そして，COPを鍵概念とする医工連携モデルとして浜松地域の医療機器クラスターを対象にした調査および分析を行い，医工連携ではゲートキーパー的人材のケーパビリティが重要であると指摘している。

　以上のように，長山論文はCOP概念を軸にした分析フレームを設定して，浜松地域の医工連携を長年に亘るインタビュー調査（フィールドワーク）の成果に基づいて考察している点において，方法論的には，本研究のアプローチと類似しているものと推察される。特に，浜松地域の医工連携活動をクラスター形成として捉えており，それは，産業クラスターが「既存企業のイノベーション能力の向上による地域経済再生論」とする先行研究に基づく認識と通底しており，その点において，本研究の前章（第2章）で提示したIDTモデルの考え方との類似性が読み取れる。また，このゲートキーパー的人材のケーパビリティは，本研究の第5章で検討しているクラスター促進機能とも類似している。しかしながら，長山論文が先行研究を参考にしつつ，「Porterの産業クラスター論は，集積を前提とした静態的モデルであり，政策的志向に欠けていたのに対して，地域エコシステム論は，NTBFs（New Technology-based Firms）の簇

業・集積に向けたプロセスを動態的に捉えている」[65] と言及している点については，本研究の見解とは異なっている。確かに，Porterの産業クラスター論は集積を前提としているが，それは，既存産業集積のイノベーションを促す「戦略」である。それがなぜ「静態的モデル」と言えるのかについては，疑問が残る。クラスター形成によって，地域イノベーションが発生すること自体，リスクを伴うが，極めて動態的であるというのが，本研究の考え方であるが，いずれにしても，長山論文は，刺激的な研究であることは確かである。

3-3 海外の先行研究レビュー

次に，海外の先行研究については，以下の3点を挙げることができる。一点目は，Hibertほか（2004）によるNRW州におけるヘルスケア産業クラスターの形成過程に関する研究，二点目は，Porter（2011）による米国ミネソタ州の医療機器クラスターの停滞要因および他の米国内の医療機器クラスターとの比較分析に関する研究，三点目は，山本（2014）によるドイツのバーデン・ヴュルテンベルク州の外科治療器具産地に関する研究である。

(1) Hibertほか (2004) の研究について

Hibertほかによるこの研究（以下，Hibert論文と略称）は，Regional Innovation System Second Editionの第9章に収められている論文である[66]。このドイツNRW州におけるヘルスケア産業クラスターの形成過程に関する研究では，後半部において転換期におけるクラスター形成について，ヘルスケア産業を取り上げ当該産業による雇用の吸収と経済成長への貢献を指摘している。具体的には，先進国経済におけるヘルスケアへの支出と産業としての雇用吸収の

---

(65) 以上の指摘については，長山（2016）p.8を参照。
(66) この論文については，平尾（2007）が日本語訳し研究ノートとして発表しており，本章でもある程度参考にしている。

共通した特徴として，次の4点を指摘している。第一に，高齢化の進展，家族・近隣介護の減少などの人口・社会構造の変化，第二に，医学・治療の進歩と医療サービスの供給（遠隔診断など）の進歩，第三に，肥大化し，非効率な医療サービスの供給をもたらしている医療行政，第四に，消費者のヘルスケア関連のサービス・製品（健康増進，緊急医療，健康食品など）への消費性向の上昇，以上である。こうした先進国が共通した課題に直面していく中，1998年にヘルスケア産業はNRW州最大のクラスターとなったが，そこに至るまでに同州では他の先進国と同様に，ヘルスケアに対する意見には対立があった。長期的にはヘルスケアコストの上昇は経済にとってマイナスとなり，そのコストは増税や企業負担の増大を伴い，その結果，自動車産業や観光産業などの国際競争力を低下させるといった課題に対して，ヘルスケアコストを抑制すべきであるといった考え方と，ヘルスケア産業の確立によって関連産業も含めて当該分野を経済成長の原動力とするといった考え方の対立である。

　こうした対立に対して，NRW州が打ち出した方針は，ヘルスケアは経済発展にとってプラスの資産であり，コストではないとするものであった。その結果，ヘルスケア産業は同州の地域イノベーション活動に大きなプラスの効果をもたらしたのである。同論文ではその仕掛けについても分析しており，同州のヘルスケア産業クラスター形成を実現した要件として次の3つを取り上げている。第一に，ヘルスケアNRWフォーラムの設立，第二に，東部NRWヘルスケア・イノベーションセンターの設立，第三に，高齢者支援および介護ビジネス支援の組織の設立，以上である。

　Hibert論文は，クラスター政策のポイントを整理した上で，クラスター・マネジメント能力の向上の重要性を指摘し，短期的，中期的視点から以下の5つのポイントを挙げている。第一に，クラスターに関連した政策についての共通理解，第二に，専門的なクラスター政策を企画・実行するための多様な能力の活用，第三に，クラスター政策への民間企業の積極的な関与，第四に，クラスター形成・支援に関する政策と地域の総合開発計画の融合，第五に，クラスター・マネジメントに関する評価システムの確立，以上である。

以上から，Hibert論文によるヘルスケア産業クラスター形成の背景，成長プロセス，支援機関の機能，クラスター・マネジメント能力などに関する分析は，本研究の目的である超高齢社会におけるヘルスケア産業の確立に必要な要件を検討する上で，示唆に富む研究とみなすことができる。また，平尾（2007）が，訳書冒頭で指摘しているように，Hibert論文の魅力は伝統ある重化学地帯であるルール地方の衰退の中から，新産業クラスターがどのように創出されたのかを跡付けている点であり，これは，クラスター形成は，既存産業集積を変換させるシステムであるとする本研究のIDTモデルの妥当性を裏づけるものである。なお，Hibert論文では，ヘルスケア産業の類型が，同心円状の概念図で示されているが，この概念図は，本研究におけるヘルスケア産業の対象範囲を同定する上でも参考になる概念図と言える（図3-1参照）。

(2) Porter (2011) の研究について

　Porter論文"The Minnesota Medical Devices Cluster：Microeconomics of Competitiveness"は，ミネソタ州の医療機器クラスターが米国内の他の主要な医療機器クラスターと比較し，競争優位を失い停滞している現象に対するクラスター理論に基づく一種の診断書とみなすことができる。この論文が作成される基礎となっているのは，前年（2010）の5月4日に公表された報告書"Minnesota Medical Devices Cluster"である[67]。そのため，Porter論文は，同報告書とPorter自身がクラスターに参加しているアクターおよび政策立案者20名を対象に実施したインタビュー調査および統計データ等に基づいている。ミネソタ州の医療機器産業の歴史は米国では古く，1930年代まで遡ることができるが，同州の医療機器産業の発展にとって，ミネソタ大学が果たした役割が大きかった。さらに，1950年代後半から同州の医療機器産業が成長段階に入るが，そこで同州の医療機器産業を牽引したのが，後に心臓ペースメーカーで世

---

[67] このレポートの作成メンバーは，A. Wipperfuth，K. Savary，A. Gilchristの3名である。詳細については，同レポート http://lgi.umn.edu/centers/slp/economic_development/documents/MNMedicalDeviceCluster.pdf （20161月10日閲覧）を参照。

図3-1　Hibertによるヘルスケア産業の類型の概念図

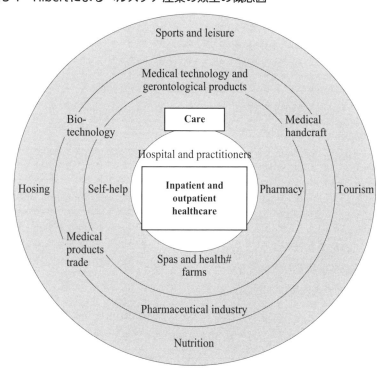

出所：Hibert, Nordhause-Janz, Rehfeld and Heinze（2004）p.250.

界一のシェアを誇ることになるMedtronic社である。ミネソタ州の医療機器ク
ラスターの形成，成長，発展段階では，ミネソタ大学の医学部，工学部，大学
病院，Mayo Clinic，医用工学研究所（IEM）等々のアクターの存在があった。
近年，同州の医療機器クラスターはMedtronic社を中心に，約600社の医療関
連企業やベンチャー企業が同州の医療機器クラスターを形成しており，これま
で日本ではミネソタ州の医療機器クラスター形成を成功事例として捉えてき
た。
　しかし，本論文はPorter自身が述べているように，「revitalizing Minneso-
ta」，つまり，ミネソタを生き返させるためのレポートである。彼のミネソタ

州と他の3州，すなわち，マサチューセッツ州，カリフォルニア州およびペンシルベニア州の医療機器クラスターと比較分析した"診断書"で注目されるのは，戦略と競争の文脈に関する部分である。マサチューセッツ州およびカリフォルニア州が，この項目では「強い」と評価されているのに対して，ミネソタ州は，ペンシルベニア州よりは良いものの「競争力は低い」と診断されている。そして，その理由は，Medtronic社の支配（dominance）にあると分析している。

　以上のPorter論文から，我々は，クラスターライフサイクルモデルを想起することができる。つまり，ミネソタ州の医療機器クラスターは，成熟から衰退段階に入ったことを意味している。一方，これを本研究のIDTモデルで捉えるならば，ミネソタ州の医療機器産業はクラスター化によって成長したが，それは初期の産業集積のクラスター化を意味し，その後，クラスター化を経て，医療機器産業集積として恒常化したものと推察される。さらに，Porter論文からは，「適度な近接性」とは何かを考えることの必要性についても読み取ることができる。クラスター形成の段階において，Medtronic社とサプライヤーや大学など多様なアクターとの近接性は適度であったのに対して，産業集積として恒常化していく中で，「強すぎる近接性」に変化したのではないかと推察されるからである。そこで，こうした衰退段階にあると言えるミネソタ州の産業集積に対して，Porterらは，再びクラスター化のメスを入れたのである。このように，クラスター形成は，既存産業集積にイノベーションを発生させるための仕組み，戦略であり，Porterの「Diamond Analysis」や「Cluster Map」は既存産業集積を診察し，クラスター化のための処方箋を導き出すための道具とみなすことができる。

(3) 山本 (2014) の研究について

　山本論文「バーデン・ヴュルテンベルク州の外科治療器具産地」は，はじめに，機械工業が盛んなドイツ南西部のバーデン・ヴュルテンベルク州について人文地理および産業史の視点から自動車工業を中心に各種機械工業が同州で発

展した経緯を整理している。そして，現在，同州が経済的パフォーマンスに優れた地域として世界的に注目されている理由として，機械金属関係の多数の中小企業の活躍とそれを支援するシュタインバイス財団の存在を挙げている[68]。論文の中盤以降では，論文の主題であるトゥットゥリンゲンの位置とその概要を説明した上で，Nadvi and Halder（2002）を参考にこの小都市の外科治療器具生産が世界で55％のシェアを占めるに至った歴史的背景について概説している。

　本論文で最も興味深い部分は，後半のトゥットゥリンゲン医療エンジニアリング・クラスターおよびトゥットゥリンゲン諸企業の社会関係に関する考察の箇所である。まず，トゥットゥリンゲン医療エンジニアリング・クラスター形成については，医療エンジニアリング・外科治療器具の生産にとって，直接取引する関連産業企業の存在は，Marshallが用いた意味での外部経済の役割を果たしているとし，それに関連して，Halder（2002）が指摘した7つの外部経済を紹介している。すなわち，第一に，トゥットゥリンゲン職業教育センターによる伝統的な生産知識（金属加工技術）の伝授，第二に，スペシャリスト・サプライヤーによる資材供給，ソフトウェア・コンサルタント，翻訳サービスの提供，第三に，数多くの専門化した零細企業によるロットの小さな注文への柔軟な対応，第四に，商社や大企業営業部門による各国市場に関する知識の伝達，第五に，新しい加工方法，新しい生産物，市場に関する情報の地理的近接性ゆえのすばやい伝達，第六に，ローカルあるいは地域の諸機関による支援，第七に，トゥットゥリンゲン産地の世界的評価に伴うジョイントベンチャーを求める外部企業の接近，以上である。

　山本は，このHalderの指摘した外部経済の7項目のうち，第一項目は第六項目に含まれるとしつつ，ほぼ妥当な指摘であると評価した上で，Halderが指摘しなかった外科治療器具や医療エンジニアリングの発展の最も重要な外部

（68）中小企業の産学官連携モデルの視点から，シュタインバイス財団について考察した論文については，北嶋（2000）を参照。

経済的要因として，外科治療器具を用いる医者，さらにはその集合体である病院との関係を取り上げ，特に最も先端的な医療の開発を指向している大学病院は，トゥットゥリンゲンに立地する外科治療器具メーカーにとって重要であると分析している。次に，トゥットゥリンゲン諸企業の社会関係に関する考察では，Halder自身へのインタビューに基づいて，「第3のイタリア」の「マーシャル的産業地区」の研究を推進してきたイタリアの経済学者や経済地理学者が主張しているような産業集積地域内部での協力が，諸企業のレベルアップのために有効であるといった点については，トゥットゥリンゲンでは生産者相互の競争意識が非常に強いため，協力ということは殆ど考えられなかったとしつつ，外科治療器具展示グループや商工会議所，手工業会議所，バーデン・ヴュルテンベルク外科治療器具手工業組合，トゥットゥリンゲン職業教育センターなどによって1990年に結成された医療技術フォーラムなどは，当該地域の諸企業の社会的関係の構築に機能していることにも言及している。そして，論文の結論部では，Halderの言葉を借りて，公的機関による支援はクラスター維持のために重要ではあるが，個々の企業，そしてクラスター全体としての能力向上には，むしろ，価値連鎖のつながりを持つ企業間関係の方がより重要であると主張している。

　以上，山本論文は，バーデン・ヴュルテンベルク州の外科治療器具産地のトゥットゥリンゲンにおけるクラスター形成の要因についてHalder他の成果およびインタビューなどに基づいて纏められたものであるが，本研究との関係から見た場合，以下の3点が参考になる。第一に，ヘルスケア産業クラスター形成における外部経済としての医者およびその集合体である病院との関係性，第二に，産業集積地域内の諸企業の社会関係構築の重要性の再認識，第三に，クラススター全体の能力向上における価値連鎖のつながりを持つ企業間関係の重要性，以上である。そして，第一の指摘は，本研究における中小企業の製品開発・普及におけるネットワーク構造およびそのプロセスにおける近接性と関係しており，第二の指摘は，本研究におけるテンポラリークラスターの機能と関係している。さらに，第三の指摘は，本研究におけるクラスター推進組織，

そして，本研究の主題であるヘルスケア産業クラスター形成の日本的特質を検討する上で参考になる視点を有している。

3-4　本研究のオリジナリティ

以上の5つの先行研究レビューを踏まえて，本研究のオリジナリティ（独自性）を整理すると以下のようになる。

第一に，本研究では，国内および韓国江原道の医療機器クラスターなど複数のヘルスケア産業クラスターを対象にした分析を行っているが，それは単にクラスター形成の概要を解説的に記述したものではない。本研究ではIDTモデルという理論的分析枠組みおよび複数の分析概念に基づいて，複数のクラスター形成状況および中小企業のイノベーション活動を分析している点に独自性がある。

第二に，本研究では，Porterクラスター理論を否定してはいない。むしろ，彼が実践しているように「既存となった産業集積」にイノベーションを発生させる方法および戦略としてクラスター形成を捉えている点ではPorterの考えと合致する点が多い。しかし，日本版クラスター形成は，産業政策の一環としてターゲット産業セクターを設定して実行されている点においてPorterの手法とは異なっている。そのため，本研究では，Porterクラスター理論を参考にしつつも，日本の産業政策の視点からクラスター形成の特質を捉えようとしている点に独自性がある。

第三に，本研究のIDTモデルでは，インプットされる具体的な要素（変数）としてヘルスケア産業に参入し製品開発を実践している中小企業を対象にしている。そのため，次章以降では，中小企業のヘルスケア産業分野への取り組み状況や実際に製品を上市している中小企業の製品開発・普及状況の分析を通じて，日本のヘルスケア産業クラスター形成と中小企業の関係を明らかにしている点に独自性がある。

第四に，本研究では，ヘルスケア産業クラスター形成における韓国，ドイツおよび東南アジアとのグローバル・リンケージといったクラスター形成における広域化・国際化にも焦点を当てており，日本のヘルスケア産業クラスター形成という現象を多角的に捉えている点に独自性がある。

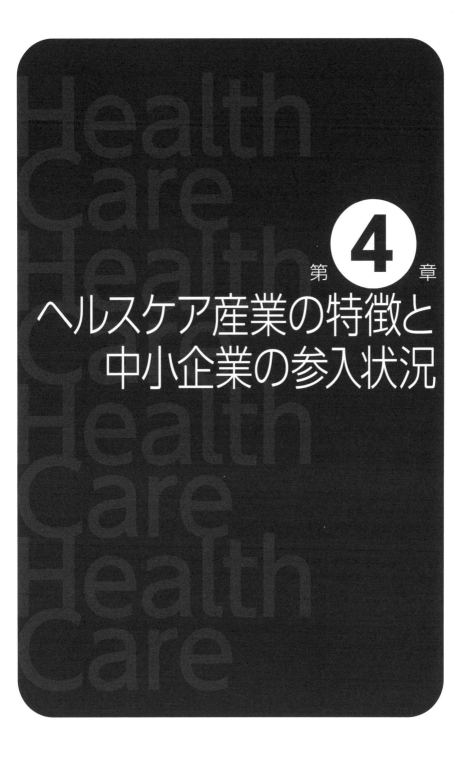

第 **4** 章

ヘルスケア産業の特徴と
中小企業の参入状況

4-1 ヘルスケア産業の背景と本研究の対象範囲

(1) ヘルスケア産業の背景

　ヘルスケア産業は，健康，福祉および医療に関連するモノやサービスを提供する製造業やサービス業など非常に多種多様な領域に跨がる産業である。当該産業には医療・福祉施設の運営や医療機器の製造・販売，福祉施設や家庭で使われる福祉機器・用具，健康機器などの製造・販売，それを構成する部品や部材の製造・販売，それらの機器・用具を作動させるソフトウェアの開発・販売などが含まれている。さらに，このほかにも健康食品産業，サプリメント産業，補完・代替医療産業，高齢者住宅産業，生活支援サービス産業，金融・保険・法務関連産業，ICT関連産業など多岐に亘る。このように製造からサービスまでを含む幅広い業種に亘ることに加えて，ヘルスケア産業は規制産業（regulated industries）であるため経済性よりも安全性が最優先される産業であるといった特徴を持っている[69]。

　一方，医療機器市場は国の医療費と正比例して伸びており日本の国民医療費は経済成長を越えて増え続けている[70]。例えば，2014年度の国民医療費は40兆8,071億円，前年度の40兆610億円に比べ7,461億円，1.9％の増加となり，人口一人当たりの国民医療費は32万1,100円，前年度の31万4,700円に比べ6,400円，2.0％の増加となっている。また，国民医療費の国内総生産（GDP）に対する比率は8.33％（前年度8.30％），国民所得（NI）に対する比率は11.20％（同11.16％）となっている。そのため，医療費がかかる高齢者は増加し続け，医療需要が減少しない中，税金を支払う若者は減少し続けることになる。このように，超高齢社会が進行する中，日本のヘルスケア産業では総額抑

---

[69] ヘルスケア産業の多様性については，市來（2013）およびHibert, Nordhause-Janz and Rehfeld他（2004）を参照。

[70] 医療機器市場と国民医療費には強い正の相関があり，1984年から2009年のデータでは相関件数は0.99となっている。以上の分析については，中野（2010）を参照。

制に繋がる新医療技術の開発および健康寿命の延伸を促す健康・福祉機器の開発が不可欠になっている[71]。

(2) 本研究の対象範囲

　わが国のヘルスケア産業の範囲を示すと図4-1になる。この図からわかるように，中心には「医療（保健診療）」が位置しており，その外に「セルフメディケーション（Self-medication）[72]」，さらにその外側に「健康増進・疾病予防」の各領域が取り巻いていることがわかる。このうち医療が担っていた高齢者ケアの一部は2000年の介護保健法により医療から分離されている。また，医療や介護，セルフメディケーション，健康増進といったヘルスケア・サービスやサプライヤーとして，医薬品，医療機器，福祉用具，義肢・装具，医薬品，アウトソーシング等のB to Bサービスなど幅広い産業が存在している[73]。

　そこで，本研究では，ヘルスケア産業の対象セクターとして医療機器産業，健康機器産業および介護・福祉機器産業の3分野に焦点を当てる[74]。これらの産業セクターにおけるクラスター形成を本研究では「ヘルスケア産業クラスター形成」と名付けている。つまり，本研究では第2章で提示したIDTモデルの具体的な対象範囲として，医療機器産業，健康機器産業および介護・福祉機器産業の3分野を取り上げている[75]。本研究がこの3分野を対象範囲とした理由は次の4つである。第一に，3分野は中小企業，特にモノづくりに関わっている機械金属加工等を得意とする中小企業に蓄積されている技術（technologies）および技能（skills）を応用展開できる分野であること，第二に，3分野

---

(71)　以上の指摘については，日吉（2016）を参照。
(72)　自分自身の健康に責任を持ち，軽度な身体の不調は自分で手当てすること，具体的にはドラッグストアで市販薬を購入するような行動を意味する。以上は世界保健機関（WHO）の定義による。
(73)　以上については，経済産業省中部経済産業局（2011）p.6を参照。
(74)　正確には健康機器産業，介護機器・用具産業および福祉機器・用具産業は区別されるが，本研究では便宜上，介護機器産業を含めて健康・福祉機器産業と表記する。
(75)　IDTモデルの詳細については，第2章を参照。

図4-1　本研究におけるヘルスケア産業の対象範囲

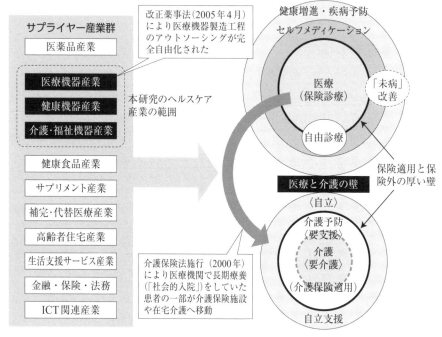

出所：経済産業省中部経済産業局（2011）p.7を参考に筆者作成。

における中小企業による革新的な機器・器具・用具の製品化は，わが国の医療費および介護費の増大を抑制する可能性を持っていること[76]，第三に，3分野の中でも特に医療機器産業は将来的にアジア市場をはじめとするグローバル市場への展開が期待される成長分野であること，第四に，国内各地のクラスター形成の推進組織では医療機器産業を中心にヘルスケア産業クラスター形成に焦点を当てた取り組みが活発化していること，以上である[77]。

---

[76] 中小企業が医療機器分野に参入した場合に優位になる能力と必要になる能力については，北嶋（2015）を参照。

[77] ヘルスケア産業クラスター形成における推進組織の機能の分析については，第5章を参照。

ヘルスケア産業と中小企業の参入可能性

(1) 中小企業の「優位となる能力」と「必要となる能力」

　ヘルスケア産業は医療機器を中心に世界規模で成長する分野として期待されているが，既に海上（2013）や市來（2013）が指摘しているように，その大きな特徴は，自動車産業や電子電気産業と比較して相対的に部品・部材の生産が多品種少量かつ小ロットであるため中小企業が比較的参入し易い分野であるという点にある。しかし一方で，自動車部品や電子電気部品等の量産部品の受注生産を行ってきた中小企業が新たにヘルスケア産業に参入した場合には課題が発生する。つまり，中小企業がヘルスケア産業に参入した場合の生産形態の変化と部品価格の変化について医療機器分野を例に概念図で表すと図4-2のようになる。

　この図に示したように，例えば自動車部品（あるいは電子部品）受注の中小企業が医療機器分野にシフトした場合，ロット数の大きな変化に直面する。医療機器の中でどのような製品・部品を製造・加工するかによって違いはあるが，自動車産業や電機産業と比較し，医療機器のロット数は相対的に小さいものが多い。一方，受注する製品・部品の付加価値は相対的に高まることになる。つまり，自動車部品・電子部品などの量産から医療機器といった非量産の分野にシフトした場合，中小企業には「優位となる能力」と「必要となる能力」が同時に発生することになる。

　まず，優位となる能力とは，製造コスト削減能力（モノづくりイノベーション能力）である。従来，医療機器分野における企業間取引は固定的な色彩が強く，当該分野の製造コスト削減力は自動車部品・電子部品と比較すると決して高くないことから，自動車部品・電子部品の受注生産で鍛えられてきた中小企業は自社の高い製造コスト削減能力（モノづくりイノベーション能力）を医療機器分野の中で発揮することができる。

　次に，必要となる能力であるが，それは価格交渉能力である。自動車部品・

図4-2　中小企業が医療機器分野参入で発生する生産形態と部品価格の変化

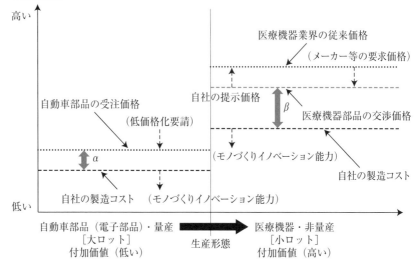

(注) 図中のイノベーションには，プロダクトイノベーション（製品・部品の素材革新）と
　　　プロセスイノベーション（製品・部品の製造工程革新）の2種類がある。なお，図中の
　　　αおよびβは，企業の利益（利幅）を意味し，中小企業の医療機器分野参入の目的は，
　　　「β＞α」を実現することである。
出所：北嶋（2015）。

　電子部品など他の分野から新たに医療機器分野に参入した企業は従来企業より
も安価な製品・部品をつくる能力を持っている。その結果，自社の製造コスト
削減能力，自社の提示価格，医療機器メーカーの要求価格との差が，自社の利
益を決定する基本条件となり，医療機器メーカーおよび医療機器関連商社（販
社）との取引では，自社の製造コスト削減能力を基盤にした戦略的な価格交渉
能力が，新事業展開の成敗を決める重要なファクターとなる。
　換言すると，自社の利益（図4-2のβ）は，製造コスト削減能力と価格交渉
能力の2つの変数によって決定されることになるため，中小企業は，「納入先
にとって"安価な製品・部品"であると同時に自社にとって"利幅の大きな製

品・部品"である」といった価格とコストに対する戦略的思考が必要になる。しかし，受注型中小企業の殆どは，コスト削減能力は高いが，価格交渉能力は低い。そのため，自動車部品や電子電気部品などの量産型受注生産に徹してきた中小企業が，非量産型の医療機器・器具に参入するためには，価格交渉力を含めたビジネスモデルの見直しが必要となる。

(2) 中小企業の参入ルート

　中小企業がヘルスケア産業に参入するためのルートについては，機械振興協会経済研究所（2012）および市來（2013）で検討されている。その成果に基づいて中小企業の参入ルートのイメージを示すと図4-3のようになる。この図に示したように，製造対象が医療機器・器具，部品・部材，福祉機器・用具（および共用品）では，参入ルートに違いがある。つまり，規制・リスクへの対応については，医療機器の場合は医薬品医療機器等法への対応が自社あるいは供給先メーカーのいずれかで必要となるが，部品・部材，福祉機器・用具（および共用品）は同法に対応する必要性はない。但し，部品，部材の場合は供給先メーカー使用可否判定責任，福祉機器・用具（および共用品）の場合は製造物責任への対応が必要となり，それは生産方法によっても異なることになる。さらに，販売およびアフターサービスの段階についても体制整備を自社で行うのか，それとも供給先メーカーが行うのか，販社はどこが担当するのかといった点も製造対象によって異なる(78)。

(78) 健康機器については，認証取得および認定機関によって医療機器に入る場合と福祉機器や介護機器に入る場合に分かれることになる。

図4-3　中小企業がヘルスケア産業に参入するためのルート

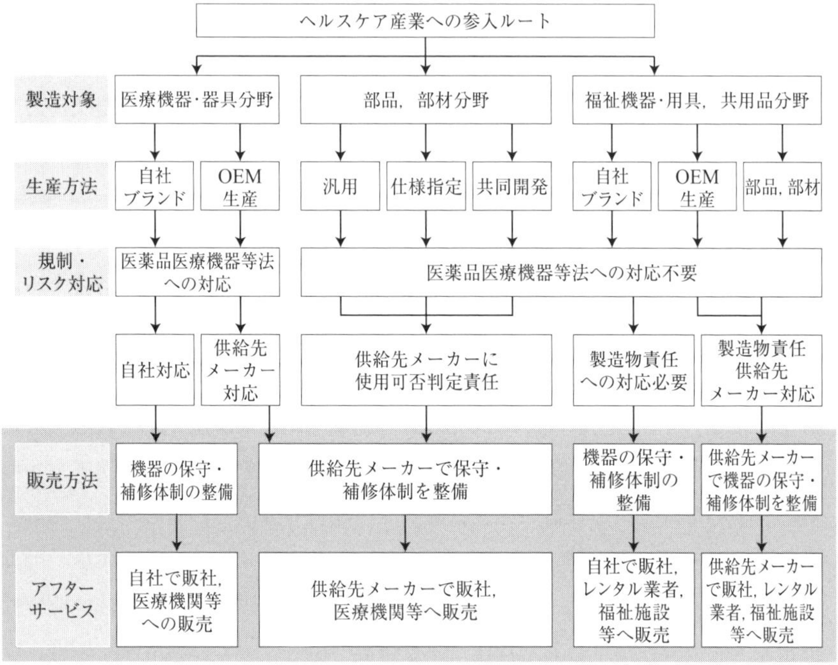

	ヘルスケア産業への参入ルート		
製造対象	医療機器・器具分野	部品，部材分野	福祉機器・用具，共用品分野
生産方法	自社ブランド ／ OEM生産	汎用 ／ 仕様指定 ／ 共同開発	自社ブランド ／ OEM生産 ／ 部品，部材
規制・リスク対応	医薬品医療機器等法への対応	医薬品医療機器等法への対応不要	
	自社対応 ／ 供給先メーカー対応	供給先メーカーに使用可否判定責任	製造物責任への対応必要 ／ 製造物責任供給先メーカー対応
販売方法	機器の保守・補修体制の整備	供給先メーカーで保守・補修体制を整備	機器の保守・補修体制の整備 ／ 供給先メーカーで機器の保守・補修体制を整備
アフターサービス	自社で販社，医療機関等への販売	供給先メーカーで販社，医療機関等へ販売	自社で販社，レンタル業者，福祉施設等へ販売 ／ 供給先メーカーで販社，レンタル業者，福祉施設等へ販売

出所：機械振興協会経済研究所（2012）および市來（2013）を参考に筆者作成。

4-3　中小企業のヘルスケア産業への参入状況

（1）実態調査の概要

　次に，中小企業のヘルスケア産業への取り組み状況および認識状況について，医療機器分野および健康・福祉機器分野への参入状況に関して機械振興協会経済研究所が実施したアンケート調査結果から，その傾向を読み取る。この調査は，中小企業のヘルスケア産業への参入状況を探る目的から国内の中小企業を対象に実施されたものである。第1回調査では，中小企業の医療機器分野

への取り組み状況[79]，第2回調査では，中小企業の健康・福祉機器分野への取り組み状況[80] に関する調査が実施されている。そこで，以下ではこれらの調査結果に基づいて，中小企業のヘルスケア産業への取り組み状況について確認する。

① ヘルスケア産業への取り組み状況

　中小企業のヘルスケア産業への取り組み状況に関する回答結果を表4-1に示す。表からわかるように健康機器分野および福祉機器分野に取り組んでいる企業（予定を含む）は3割弱に留まっている。これに対して，医療機器分野に取り組んでいる企業（予定を含む）は6割以上に達しており，医療機器分野への取り組みが活発なのに対して，健康・福祉機器分野への取り組みは活発とは言い難い状況にある。この要因としては，中小企業が健康機器および福祉機器分野に参入する際に必要とされる知識（knowledge）や情報（information）について，公的支援機関，大学・研究機関あるいはレンタル事業者と一緒になって中小企業が相互学習（interactive learning）をする環境があまり整備されていないことが考えられる。換言すると，健康・福祉機器分野における外部連携の形成が未発達であることが起因しているものと推察される。

---

(79)　第1回調査とは全国の機械関連中小企業2,407社を対象に実施した「中堅・中小企業の医療機器およびヘルスケア産業への参入課題に関する調査」（実施期間：2013年11月上旬から12月上旬）のことである。調査票の設計・実施は筆者が担当した。有効回答数は497件（回収率：20.6％）。回答企業の構成は，金属製品製造業：29％，一般機械器具製造業：15％，電気機械器具製造業：23％，輸送機械器具製造業：7％，精密機械器具製造業：15％，その他：10％，不明：1％である。実施概要，集計結果の詳細については，機械振興協会経済研究所（2014）を参照。

(80)　第2回調査とは全国の機械関連中小企業1,500社を対象に実施した「健康・福祉機器市場における中堅・中小企業の販路拡大策」（実施期間：2014年12月下旬から2015年2月上旬）のことである。調査票の設計・実施は筆者が担当した。有効回答数は302件（回収率：20.1％）。回答企業の構成は，金属製品製造業：26％，一般機械器具製造業：15％，電気機械器具製造業：27％，輸送機械器具製造業：10％，精密機械器具製造業：11％，その他：9％，不明：2％である。実施概要，集計結果の詳細については，機械振興協会経済研究所（2015）を参照。

表4-1　中小企業のヘルスケア産業への取り組み状況

取り組み状況	分野					
	医療機器・器具		健康機器・器具		福祉機器・用具	
現在取り組んでいる	50.3	\} 62.4	13.9	\} 28.1	13.3	\} 27.5
今後3年以内に取り組む	12.1		14.2		14.2	
今後も取り組む予定なし	37.4		69.9		70.2	
NA	0.2		2.0		2.3	

出所：機械振興協会経済研究所（2014），（2015）に基づいて筆者作成。

　この結果は，本書の第5章で詳細に分析するヘルスケア産業クラスター形成の推進組織の目的とも深く関係している。なぜならば，ヘルスケア産業クラスター形成の推進組織の多くは，医療機器に重点を置く傾向が強いからである。さらに，医療機器と健康・福祉機器の産業特性の違いを挙げることができる。つまり，後述するように，医療機器・器具では部品・部材サプライヤーとして参入する可能性が高く中小企業は従来の経営資源を応用できるが，健康・福祉機器の場合には自社で完成品までを製造・販売する指向が強いため，取り組める企業は限定的になるからである。

② ヘルスケア産業への参入理由

　表4-2に示すように，参入理由については医療機器と健康・福祉機器では傾向の違いを確認することができる。医療機器では既存市場縮小への対応が最も高いのに対して，健康・福祉機器では国内の需要拡大への期待が高く，受注型企業からの脱却も相対的に高くなっている。この結果から読み取れるのは，医療機器分野への参入理由では，厳しくなる事業・市場環境への対応策としての傾向が強く，健康・福祉機器への参入理由では，超高齢社会を見据えたドメスティック市場指向の傾向が強い。また，健康・福祉機器では，脱下請指向の傾向も見られるが，これは当該分野では完成品の製造・販売が医療機器よりもハードルが低いことが理由として挙げられる。

表4-2　ヘルスケア産業への参入理由（MA）

参入理由	分野		
	医療機器・器具	健康機器・器具	福祉機器・用具
既存市場縮小への対応	38.4	22.4	21.7
既存市場競争激化への対応	25.5	20.0	19.3
受注型企業からの脱却	20.6	28.2	26.5
主要取引先企業からの要請	23.2	16.5	8.4
国内の需要拡大への期待	25.8	41.2	51.8
新興国の需要拡大への期待	11.3	5.9	6.0
日本政府の産業政策動向	12.9	10.6	14.5
自治体・公的機関のセミナー	8.1	4.7	14.5
関連業界団体のセミナー	3.5	3.5	6.0

出所：表4-1と同じ。

③ ヘルスケア関連機器の研究開発体制

　表4-3に示すように，ヘルスケア関連機器の研究開発体制については全体的に自社の既存技術の応用開発の比率が高く，主要取引先企業との共同研究開発も比較的高くなっている。この結果は，産業集積地の中で中小企業が自社の資源を取引先企業と共同で応用展開し，ヘルスケア関連機器を研究開発している傾向を示しており，本研究の理論的枠組みであるIDTモデル，すなわち，既

表4-3　ヘルスケア関連機器の研究開発体制（MA）

研究開発体制	分野		
	医療機器・器具	健康機器・器具	福祉機器・用具
自社の既存技術に基づく応用開発	63.2	57.6	57.8
国内の主要取引先企業との共同研究開発	25.8	25.9	30.1
国内の同業他社との共同研究開発	7.4	10.6	13.3
国内の異業他社との共同研究開発	14.2	22.4	20.5
国内の大学・高専との共同研究開発	2.3	31.8	31.3
国内の公設試験施設との共同研究開発	9.7	9.4	12.0
海外の主要取引先企業との共同研究開発	28.1	2.4	2.4
海外の大学・研究機関との共同研究開発	1.3	3.5	2.4

出所：表4-1と同じ。

存産業集積の変換モデルを考える上で重要な示唆を含んでいる。一方，外部連携の傾向では，健康・福祉機器が国内のアクターと連携する傾向が強いのに対して，医療機器では海外の主要取引先との共同研究開発の比率が高く，健康・福祉機器に比べ，医療機器開発のグローバル性を読み取ることができる。

④ ヘルスケア産業で指向する事業形態

表4-4に示すように，医療機器では材料，部品または半製品のみのサプライヤーの比率が相対的に高くなっているのに対して，健康機器と福祉機器では完成品の販売メーカー指向が高く，特に福祉機器ではその傾向が顕著である。この結果から中小企業は医療機器分野では既存事業形態であるサプライヤーとしての役割を適用するのに対して，特に福祉機器分野では完成品指向が強く，これは表4-2の脱下請指向の傾向と一致している。しかしながら，このような福祉機器分野における完成品指向は，中小企業が従来のBtoB（企業間取引）のビジネスモデルからBtoC（顧客販売）のビジネスモデルへの転換を意味しており，製造・生産技術に加え，販売体制の確立の必要性を示唆している。そして，中小企業における福祉機器分野への新規参入に伴うこの課題は，第5章の製品開発のケーススタディ分析の結果とも関連している。

表4-4　ヘルスケア産業で指向する事業形態（MA）

指向する事業形態	分野		
	医療機器・器具	健康機器・器具	福祉機器・用具
材料，部品または完成品の製造・販売メーカー	32.6	32.9	31.3
材料，部品または完成品の製造・OEM販売	24.5	32.9	30.1
材料，部品または半製品のみのサプライヤー	36.8	27.1	28.9
完成品の販売メーカー	10.6	16.5	25.3

出所：表4-1と同じ。

70

(2) 医療機器分野における中小企業の分析

① 指向する医療機器分野と生産財

　表4-5に示すように，中小企業が指向する医療機器（複数回答）については，医療機器の分野別では，相対的に診断系よりも治療系の比率が6ポイント以上高くなっている。また，生産財別では，診断系，治療系共に部品の比率が最も高くなっており，医療機器分野に参入する中小企業では完成品指向よりも部品指向の傾向が強いことが，この結果からも窺い知ることができる。つまり，分野別では，診断系医療機器を指向する傾向が比較的強く，生産財別では，部品生産を指向する傾向が顕著であり，医療機器分野でのサプライヤー指向がこの結果からも読み取れる。

　しかしながら，日本の医療機器産業は恒常的に輸入超過の状態にあり，その国際競争力は脆弱である。特にその傾向は，この治療系，すなわち治療機器分野で顕著である。中小企業の新規参入によって，当該分野の競争力が高まることを期待したいが，現実には治療機器分野において日本（日系）企業の市場シェアが僅かであることが最大の課題となっている。

表4-5　中小企業が指向する医療機器の分野と生産財（MA）

指向する医療機器の分野と生産財	回答比率	
診断系医療機器・材料	1.3	
診断系医療機器・部品	31.6	診断系の合計値
診断系医療機器・半製品	15.2	（63.3）
診断系医療機器・完成品　　部品生産の合計値（68.7）	15.2	
治療系医療機器・材料	2.9	
治療系医療機器・部品	37.1	治療系の合計値
治療系医療機器・半製品	16.5	（70.0）
治療系医療機器・完成品	13.5	

出所：機械振興協会経済研究所（2014）に基づいて筆者作成。

② 中小企業が指向する医療機器のクラス

　厚生労働省では，医薬品，医療機器等の安全かつ迅速な提供の確保を図るため，添付文書の届出義務の創設，医療機器の登録認証機関による認証範囲の拡

大，再生医療等製品の条件および期限付承認制度の創設等の所要措置を講ずることを目的に，2014年11月25日から薬事法等の一部を改正する法律を施行している。この薬事法では題名も「医薬品，医療機器等の品質，有効性および安全性の確保等に関する法律」と改められている。同法によれば，医療機器のクラス分類については，医療機器のクラスⅠは，一般医療機器，クラスⅡは，管理医療機器，クラスⅢは，不具合が生じた人体へのリスクが比較的高いと考えられるもの（例：透析器，バルーンカテーテルなど），クラスⅣは，高度管理医療機器で患者への侵襲性が高く不具合が生じた場合，生命の危機に直結するおそれのあるもの（例：ペースメーカー，カテーテルなど）とされている。また，クラス分類に関わらず，保守点検，修理その他の管理に専門的な知識および技能を必要とするものは「特定保守管理医療機器」と定められている。

　以上を踏まえて，中小企業が指向しているクラスを示すと表4-6のようになる。この表からわかるように，中小企業が指向する医療機器のクラスは，「クラスⅠ」の比率が最も高く，「クラス」のレベルが上がるにしたがって，回答比率は低くなっている。つまり，中小企業は，クラスⅠやクラスⅡといった一般医療機器および管理医療機器を指向している傾向が顕著である。また，クラス外の製造を指向しているケースもある程度の比率を示している[81]。

表4-6　中小企業が指向する医療機器・器具のクラス（MA）

指向する医療機器・器具のクラス	回答比率
クラスⅠ	49.7
クラスⅡ	28.4
クラスⅢ	10.3
クラスⅣ	1.9
クラス外の医療機器など	15.8

出所：表4-4と同じ。

---

(81) クラス外とは，病院施設内で使用される器具洗浄用のバスケットや機器類を整理する棚，踏み台など雑品と呼ばれる機器類を意味する。

(3) 健康・福祉機器分野における中小企業の分析

① 販路拡大の因子構造

　表4-7は，中小企業が自社の健康・福祉機器関連製品の販路拡大策で重視している項目に関する因子分析の結果である[82]。この表では，因子負荷量が0.4以上を彩色し因子の特徴を捉えている。特に因子負荷の高いものを因子ごとに見てみると，因子1では自社製品・部品の認知度アップおよびブランド力の向上，因子2では利用施設・エンドユーザーからのフィードバック情報や製品・部品の使い良さ，因子3では認証・規格等の取得や制度への対応力，因子4では人材育成・獲得や生産・製造技術の向上，因子5では大学・高専や公的支援機関との共同研究，因子6では海外代理店との提携や海外の学会とのネットワーク，因子7ではレンタル事業者からのフィードバック情報などが挙げられていることがわかる。

表4-7　健康・福祉機器の販路拡大に関する因子分析

	因子1	因子2	因子3	因子4	因子5	因子6	因子7
①自社製品・部品の企画・開発力の向上	-0.108	0.427	0.537	0.193	-0.152	-0.081	-0.072
②自社製品・部品の使い良さの向上	0.021	0.684	0.365	0.014	0.036	-0.185	0.056
③自社製品・部品のブランド力の向上	0.627	-0.014	0.106	0.247	-0.223	-0.020	0.043
④自社製品・部品の価格競争力の向上	0.547	-0.392	0.426	0.230	-0.067	-0.160	0.066
⑤自社製品・部品の生産・製造技術の向上	-0.090	0.155	-0.068	0.735	0.021	0.066	0.140
⑥自社製品・部品の検査・試験能力の向上	0.218	0.066	-0.253	0.589	0.347	-0.069	0.057
⑦自社製品・部品開発の人材育成・獲得	-0.130	0.121	0.122	0.754	-0.180	0.184	-0.170
⑧自社製品・部品販売（受注）の人材育成・獲得	0.265	0.023	0.019	0.391	0.168	0.009	-0.183
⑨国内販売代理店との提携	0.261	-0.029	0.121	0.076	0.005	0.381	-0.045
⑩海外販売代理店との提携	-0.048	-0.157	-0.106	0.134	-0.148	1.157	0.216
⑪利用施設からのフィードバック情報	0.160	0.741	0.195	0.013	-0.071	-0.006	0.281
⑫レンタル事業者からのフィードバック情報	0.301	0.157	0.256	-0.070	0.045	0.180	0.637
⑬エンドユーザーからのフィードバック情報	0.048	0.853	-0.246	0.212	0.045	-0.035	-0.069

---

[82]　筆者が設定した項目は27個である。なお，回答企業数が少数であったため，因子分析では健康機器分野と福祉機器分野を区別せず「健康・福祉機器の販路拡大の因子」として統計解析を実施した。結果の詳細については，機械振興協会経済研究所（2015）を参照。

⑭自社製品・部品の口コミによる認知度アップ	0.632	0.191	-0.170	0.091	-0.020	0.085	0.067
⑮自社製品・部品のダイレクトメールによる認知度アップ	0.744	0.033	-0.169	-0.111	-0.060	0.112	0.316
⑯自社製品・部品のホームページによる認知度アップ	1.050	0.031	-0.024	-0.089	-0.100	-0.228	0.106
⑰自社製品・部品の展示会出展による認知度アップ	0.838	0.053	0.004	-0.028	-0.024	0.065	0.004
⑱自社製品・部品の学会発表による認知度アップ	0.410	0.002	0.115	-0.103	0.077	0.249	-0.245
⑲自社製品の新聞・雑誌・TVでの紹介記事による認知度アップ	0.602	0.044	-0.161	-0.045	0.260	0.174	-0.023
⑳メーカーとの共同開発	-0.098	-0.123	0.323	0.218	0.374	0.069	0.423
㉑大学・高専との共同開発	-0.017	0.047	-0.054	-0.114	1.018	-0.064	0.070
㉒公的支援機関との共同開発	-0.180	-0.054	0.116	0.153	0.932	-0.045	0.055
㉓関連する認証・規格等の取得	-0.219	0.031	0.891	-0.086	0.009	0.062	0.240
㉔自社製品・部品の特許申請・取得	0.023	0.218	0.621	-0.150	0.109	0.062	0.015
㉕関連する国内の学会におけるネットワークづ	0.265	0.045	0.328	-0.227	0.136	0.263	-0.089
㉖関連する海外の学会におけるネットワークづ	-0.040	0.040	0.213	0.051	0.111	0.609	0.040
㉗関連する制度への対応力	0.216	-0.070	0.508	0.082	0.080	-0.091	0.115

※n=70，因子抽出法：主因子法，因子の数：相関行列の固有値1以上の数，回転：プロマックス回転因子負荷量0.4以上に彩色
出所：機械振興協会経済研究所（2015）p.84より抜粋。

そこで，各因子をカテゴリー化してみると因子1，因子2および因子7は情報に関係する因子（情報因子と呼ぶ），因子3は制度に関係する因子（制度因子と呼ぶ），因子4は人材・技術に関係する因子（人材・技術因子と呼ぶ），因子5および因子6は外部資源との連携に関係する因子（外部連携因子と呼ぶ），以上のように分類することができる。

② 主要因子の関係チャート

次に，主要因子間の相関係数から関係チャートを作成してみると，図4-4のようになる。この図が示すように，因子1と因子3の関係性が比較的強いことがわかる。つまり，製品認知度アップやブランド力の向上と認証・規格・特許の取得や関連制度への対応との関係性が，販路拡大にとって重要であると認識

していることが窺える。一方，因子6は，海外販売代理店との契約や海外の学会とのネットワークを意味しているが，この結果は，健康・福祉機器の研究開発体制（表4-3参照）と比較すると，非常に興味深い結果と言える。なぜならば，研究開発段階では，海外との連携は殆ど考えられていないが，販路拡大段階では，海外市場へのアクセスを意識していることが窺えるからである。さらに，因子6と因子5との関係性からは，大学・高専との連携によって，自社製品の特徴を海外の学会で発表し，海外市場開拓に繋げようとしていることが窺える。

　ところで，この関係チャートは，公的支援機関に必要とされる役割を知るための1つの手掛かりでもある。つまり，中小企業が健康・福祉機器の販路拡を実現するためには，これらの主要因子に対応した支援プログラムが必要になることをこのチャートは示唆している。さらに，ヘルスケア産業クラスター形成の視点からこの結果を捉えるならば，中小企業は，既存産業集積における主要なアクターであると同時に，クラスター形成にとっても重要なアクターであると考えられることから，公的支援機関に期待される役割は，第5章で検討するクラスター促進者（cluster facilitator）の機能と密接に関わっているものと考えられる[83]。

　すなわち，具体的には，因子1：情報因子では，製品認知度のアップやブランド力の向上が具体的因子であるが，中小企業がこれらの因子を強化するためには，中小企業経営を支援している各都道府県の支援機関（例えば，中小企業振興公社）の役割が重要となる。また，この因子1：情報因子との関係性が比較的強い因子3：制度因子では，製品の認証取得や関連制度（厚生労働省の各種規制）への対応力が具体的因子であるが，これらの因子を強化するためには，健康機器および福祉機器関連の規格認定機関の役割が重要となる。一方，因子2：情報因子では，施設からのフィードバック情報の収集・分析が必要となるが，これらの因子を強化するためには，病院・施設・個人ユーザーあるい

---

(83)　クラスター促進者については，Ingstrup and Damgaard（2011）を参照。

図4-4　健康・福祉機器の販路拡大のための主要因子間の関係チャート

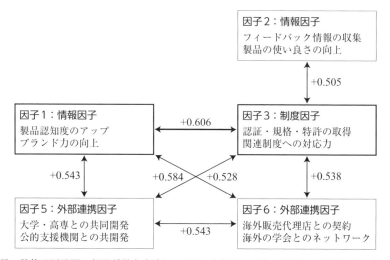

補足：数値は因子間の相関係数を意味し，因子4と因子7は他の因子との相関が弱いため描出していない。

出所：機械振興協会経済研究所（2015）p.85に基づいて筆者作成。

は機器のレンタル業者とのコミュニケーションが重要となる。特に，福祉機器分野では，福祉用具の利用段階ではケアマネジャーの存在が重要となる。なぜならば，介護保険制度では，ケアマネジャーは福祉用具利用者の状況を確認し，課題を抽出し，その課題を解決するためのサービスの導入までを検討することになっているため，中小企業が，自社の福祉用具を普及させるためには，このケアマネジャーとの情報共有が非常に重要になるからである[84]。このように，健康機器および福祉機器分野では，製品の企画・開発・製造・販売・リース・修理・メンテナンスの各段階に応じて，中小企業は，様々なアクターと外部連携することが必要とされるのである。

---

[84]　福祉用具の利用段階におけるケアマネジャーの役割の重要性については，東畠（2015）pp.102-110を参照。

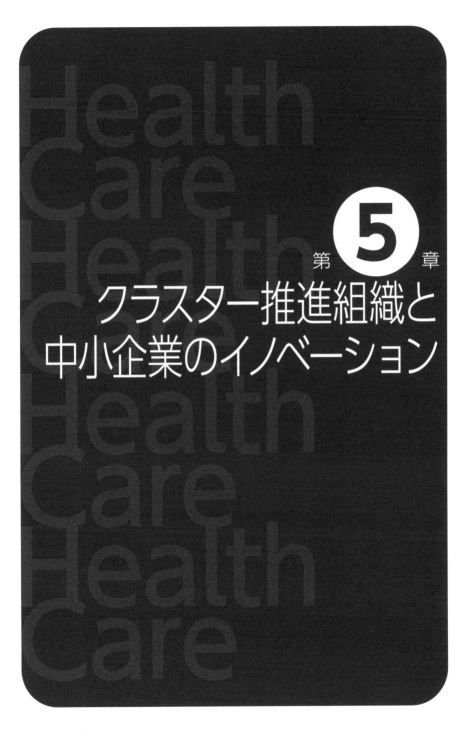

第**5**章
クラスター推進組織と
中小企業のイノベーション

5-1 クラスター促進者の類型

(1) IDTモデルにおけるインプットとアウトプット

　本研究のIDTモデルにおけるインプットおよびアウトプットの対象となっている要素は、産業集積内の中小企業である。また、全国各地で設立されているクラスター推進組織もIDTモデルの機能の一部であり、中小企業を含むアクターに対してイノベーション環境を提供している。

　実は、こうした考え方は、Ingstrup and Damgaard（2011）のクラスター促進者の役割の類型（以下、ID類型）とも関係している。そこで、本章では、はじめにヘルスケア産業クラスター形成に積極的に取り組んでいる4つの地域を取り上げ、各地域のクラスター推進組織について、このID類型を参考に分析する。次に、それらの地域の中から、医療機器・器具の開発・製品化に成功している中小・ベンチャー企業2社、福祉機器・用具の開発・製品化に成功している中小・ベンチャー企業2社のケースを取り上げ、機器の開発・普及プロセスにおけるネットワーク構造および各フェーズと近接性の関係について分析する。

(2) ID類型の概要

　図5-1に示したように、ID類型では、Menzel and Fornahl（2010）とは異なる独自のクラスターライフサイクルモデルが提示されている。この図の縦軸は、活動と自己実現の水準の高さ（level of activity and self-realization）を意味し、横軸は、価値（value）を意味している。そして、ID類型では、クラスターライフサイクルを潜在型クラスター（Potential Cluster）、潜伏型クラスター（Latent Cluster）、稼動型（Working Cluster）の3つの段階に分類している。この類型では、「稼動型クラスター」の段階をクラスターライフサイクルにおける臨界点（critical mass）と表現していることから横軸の価値軸が右方向に向かうほどクラスターが進化するといった時系列的な類型であることが窺える。

図5-1　クラスターとクラスター促進者の役割の類型

活動と自己実現の水準

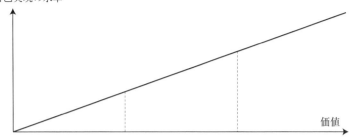

価値

	Potential cluster	Latent cluster	Working cluster
促進者（機関）の役割	フレームワークの設定者 ネットワーカー	仲介者 関係性構築者	事業探索者 統括者
促進者（機関）の重点	社会的アクター結合の創造 フレームワークの条件整備と新しいアクターの設定 信頼性の構築	専門的アクター結合の創造協同 アクターニーズの設定 信頼性の拡大	事業アクター結合の創造事業創造活動 アクター機会の設定 信頼性の開拓
促進者（機関）の適正	コミュニケーター 説得力 ネットワーカー 創作者 政治的才能（センス） セーラー	分析者 コミュニケーター 説得者 企業家 ネットワーカー問題解決者	事業理解者 コミュニケーター 説得者 イノベーター産業知識 管理スキル ネットワーカー オーガナイザー 問題解決者
促進者（機関）の仕事	ブランディング ファンディングロビー活動 期待のマッチング ネットワーキングイベント セミナー 社会的イベント	ブランディング 事業アイデアワークショップファンディング 知識共有 ネットワーキングイベント セミナー 小規模協同プロジェクト	ブランディング クラスター間の協同 ファンディング イノベーションと事業プロジェクト 知識共有 市場分析 ネットワークイベント プロジェクトポートフォリオ管理 セミナー

出所：Ingstrup and Damgaard（2011）p.15より筆者訳出し作成。

各類型を見てみると，「潜在型クラスター」におけるクラスター促進者の役割は，社会的アクター結合の創造である。このクラスターでは，クラスター促進者は，社会的アクターとの多様なコミュニケーションを展開しながらクラスター形成の基礎となる信頼（trust）の構築を図ることが重要な役割となる。次に，「潜伏型クラスター」では，クラスター形成に必要となる専門的アクターの結合を図るためクラスター促進者の役割は，アクター間の仲介機能に重点が置かれる。最後に，「稼動型クラスター」では，開発された製品を上市するための事業アクターを創造することがクラスター促進者の重要な役割となる。

　そこで，このID類型に基づいて，クラスター推進組織の機能，すなわち，「クラスター促進機能」を分類すると，社会的アクター結合機能，専門的アクター結合機能および事業アクター結合機能の3つに分類される。社会的アクター結合機能とは，当該産業に関する情報，知識を提供する機能であり，地域の中小企業に対してクラスター形成の機運を高める機能と言える。次の専門的アクター結合機能とは，当該産業（本研究ではヘルスケア産業）において中小企業はどのような製品を開発すべきなのか，そのために必要な専門家はどこにいるのか，彼らのシーズやニーズは何か，中小企業に不足している技術はどのように補完するのかといった製品の企画・開発を支援する機能である。最後の事業アクター結合機能とは，開発された製品を具体的にどのようなビジネスモデルによって市場に投入するのか，つまり中小企業の新事業展開を支援する機能である。そして，この事業アクター結合機能は，本研究のIDTモデルにおけるアウトプット部分であるコネクテッド機能と連動することになる。つまり，事業アクター結合機能とは中小企業のイノベーションによって開発された製品や部品をサプライチェーンネットワーク（Supply Chain Networks，以下，SCNと表記）やグローバル・サプライチェーンネットワーク（Global Supply Chain Networks，以下，GSCNと表記）と結びつけるための支援機能とみなすことができる。

5-2 クラスター推進組織の概要

（1）ヘルスケア産業クラスター推進組織の設立とその背景

　2004年の薬事法の改正以降，国内では医療機器を中心としたヘルスケア産業クラスターを形成する動きが活発化している。この背景には国内の電子産業が低迷する中，新たな地域産業の形成が地域経済の再生にとって重要な方法となってきていることを指摘することができる。また地方地域では既に超高齢社会の進行が加速していることから，ヘルスケア産業を育成することによって健康寿命の増進，介護福祉機器による介護者や介助者の負担軽減といった社会課題解決の手段としてヘルスケア産業創造への期待が高まっていることも理由として挙げられる。こうした状況を受け多くのヘルスケア産業クラスター推進組織が設立されている（図5-2参照）。これらの推進組織では都道府県の行政機関および公的支援機関に推進組織を運営するための事務局が設置されているケースが多く，推進組織では地域産業政策および中小企業政策と連動する形で様々な支援活動が行われている。

　そこで，本章では，これらのヘルスケア産業クラスター推進組織の中から医療機器，健康機器および福祉機器の製品開発が中小企業を中心に展開されている4地域のケーススタディに基づいて，各々のヘルスケア産業クラスター推進組織の支援内容について，クラスター促進機能の視点に基づいて整理する[85]。

（2）分析対象地域におけるクラスター推進組織の概要

　本章のヘルスケア産業クラスター推進組織の分析対象地域は，秋田県，岩手県，宮城県および長野県の4地域である[86]。以下では，各地域のヘルスケア産

---

(85) 4地域を含む中小企業を対象にしたインタビュー調査結果の詳細については，機械振興協会経済研究所（2011），（2014），（2015），（2016）を参照。
(86) これら地域の選定は中小企業政策，地域経済政策，介護福祉機器産業および医療機器産業の専門家により構成された機械振興協会経済研究所の各種調査研究委員会の

図5-2　全国のヘルスケア産業クラスターの推進組織

①北海道医療機器関連産業ネットワーク
　（ノーステック財団）
②青森ライフイノベーション戦略
③いわて医療機器事業化研究会
④みやぎ高度電子機械産業振興協議会
　医療・健康機器市場・技術研究会
　仙台フィンランド健康福祉センター
⑤秋田メディカルインダストリ・ネットワーク
⑥やまがた置賜メディカルテクノ・ネット
⑦うつくしま次世代医療産業集積プロジェクト
　ふくしま医療機器産業推進機構
　福島県医療福祉機器産業協議会
⑧いばらき成長産業振興協議会
　健康・医療機器研究会
⑨とちぎ医療機器産業振興協議会
⑩群馬県・医療産業振興
⑪さいたま医療ものづくり都市構想
⑫千葉県福祉・医療機器研究会
⑬東京都医工連携HUB機構
⑭神奈川科学技術アカデミー
⑮新潟県医療機器インダストリアルボード
⑯とやま医薬工連携研究会
⑰北陸ライフサイエンスクラスター
⑱ふくい医療産業創出研究会

⑲諏訪圏ものづくり推進機構
　飯田メディカルバイオクラスター
　信州メディカル産業振興会
⑳岐阜県研究開発財団
㉑静岡新産業集積クラスター・ファルマバレー
㉒あいち健康長寿産業クラスター推進協議会
㉓みえメディカルバレー構想
㉔しが医工連携ものづくりネットワーク
㉕㉖㉗㉘関西広域バイオメディカルクラスター
㉗神戸医療産業都市
㉙とっとり医療機器関連産業戦略研究会
㉚メディカルテクノおかやま
㉛広島県・医療関連産業クラスター
㉜やまぐち医療関連成長戦略推進協議会
㉝徳島健康・医療クラスター
㉞かがわ健康関連製品開発地域

㉟ふくおか医療福祉関連機器開発・実証ネットワーク
㊱ながさき健康・医療・福祉システム
㊲西日本看工連携コンソーシアム
㊳㊴東九州メディカルバレー構想
㊵沖縄県・先端的医療拠点

補足：図は2017年7月31日時点の状況を示したものであるため，既に事業が終了したケー
　　　スも含まれている。
出所：北嶋（2016）p.8に基づいて修正作成。

業クラスター形成の推進組織について概説する。

① 秋田県のヘルスケア産業クラスター推進組織の概要

　秋田メディカルインダスリ・ネットワーク（以下，AMIネットワークと略称を使用）は，県内における医療機器等の研究開発を促進し，医療機器産業の振興と医療福祉の高度化に寄与することを目的として，2009年2月に設立されている。活動内容としては，医工連携に係る人的な交流や工学シーズ，医学・医療ニーズの掘り起こし等が中心となっている。具体的な活動内容については，次の4点を挙げることができる。第一に，医工連携シーズ・ニーズの調査・提供：会員の研究機関，企業等を対象に工学シーズを調査し，「美の国あきたネット」で「秋田県医工連携シーズ集」として公開し，また，医学・医療ニーズを調査し，「秋田県医工連携ニーズ集」としてAMIネットワークの会員専用ページに掲載している，第二に，秋田県地域産業振興課の事業であるコーディネーターやアドバイザーの制度を活用している，第三に，秋田県で開催されるセミナーへの協力および参加を行っている，第四に，広域連携の推進の一環として東北経済産業局，あきた企業活性化センター等と連携し広域的な展示会，交流会への出展および参加を支援している，以上である[(87)]。

② 岩手県のヘルスケア産業クラスター推進組織の概要

　岩手県では，高い技術を有する地場企業の医療機器分野への展開を推進するためのプラットフォーム組織として，2008年8月，いわて医療機器事業化研究会が設立されている。いわて医療機器事業化研究会の狙いは，第一に，医療機器関連産業の産学官機関の相互認知・連携交流の促進と裾野の拡大，第二

決定に基づいている。各委員会の構成委員および概要については，機械振興協会経済研究所（2011），（2014），（2015），（2016）を参照。

(87) AMIネットワークの活動概要については，秋田経済研究所機関誌「あきた経済」ホームページhttp://www.akitakeizai.or.jp/journal/20140701_topics.html（2017年7月1日閲覧）を参照。

に，地域一体での医療機器関連産業振興に向けた意識醸成と目的・戦略の共有，第三に，連携による地場企業の技術力向上，新技術開発促進，第四に，一体的な情報発信による取引機会の拡大，以上の4点である。また，同研究会は，医療機器関連企業，医療機器関連産業に興味を有する企業だけでなく，研究会の目的に賛同する大学・試験研究機関・行政機関等（岩手県内に事務所を有する企業・団体等に限定せず県外の企業・団体も入会可）などで構成されている[88]。

③ 宮城県のヘルスケア産業クラスター推進組織の概要

　産学官金相互の連携を図りながら，県内企業の技術の高度化や経営の革新を支援し，高成長・高付加価値が期待できる高度電子機械市場への参入および取引拡大を目指して2008年11月，みやぎ高度電子機械産業振興協議会が設立されている。同協議会では，これらの課題解決に向けて医療機器メーカー出身のアドバイザーおよびコーディネーターと共に，次の5つの活動を展開している。第一に，医療現場のニーズに基づく医療機器・周辺機器の開発支援，第二に，セミナーの開催，第三に，大学との連携，第四に，展示会出展支援，第五に，医療機器川下メーカーとのマッチング支援，以上である[89]。また，これと前後して，仙台市には，仙台フィンランド健康福祉センターが2005年に開設されており，フィンランド政府関係機関と仙台市との国際共同プロジェクトが展開され現在に至っている。同センターでは，Wellbeing（「健康福祉」のほかに「よく・生きる」という意味を含む）をキーコンセプトに，「生活の質（QOL）の向上」に資する様々な分野を対象に，両国企業共同による新事業開発に対する支援を行っている[90]。

---

(88) いわて医療機器事業化研究会の概要については，http://www.joho-iwate.or.jp/iwate-iryo/（2017年7月1日閲覧）を参照。なお，2017年7月時点の会員数は147（企業：123，大学・支援機関等：24）となっている。このクラスター推進組織を含む岩手県のクラスターについては，北嶋（2015）を参照。
(89) 以上については，『医機連ニュース第84号』（2014）pp.96-103を参照。
(90) 同センターの概要については，http://sendai.fwbc.jp/index.html（2017年7月31

④ 長野県のヘルスケア産業クラスター推進組織の概要

　特定非営利活動法人諏訪圏ものづくり推進機構は，広域的地域横断的に産業活性化を行う支援拠点として，2005年4月に設立されている[91]。同機構では，多様で高度な技術を有する中小企業が集積する諏訪地域の産業集積のポテンシャルを活かしながら，高付加価値を持つビジネス・産業・ものづくり・技術・サービスなどを実現していこうとする広域的横断的なものづくり拠点を指向している。同推進機構では，行政，経済団体，テクノ財団等々各種支援機関と連携しながら会員企業に対して，①人材育成，②企業体質強化，③産学・産産マッチング，④情報提供といった支援を行っている。

　また，同推進機構は，2002年から諏訪市で開催されている「諏訪圏工業メッセ」の主管事務局を担当し，長野県企業の認知度アップに貢献している。同展示会は長野県中小企業の出展を重視した展示会であり県内中小企業の取引拡大にとって重要な役割を果たしていると同時に，長野県中小企業が県外・海外企業と情報および知識を交換する場，すなわち，テンポラリークラスター機能を有している。さらに，同展示会は，地元の小中高校生が長野県中小企業の活動を学習する機会としても活用されており，これは企業側にとっては，「将来の工業人材獲得の布石」という意味を持っている[92]。

日閲覧），および機械振興協会経済研究所（2008）pp.22-27を参照。またフィンランドの取り組みに関する考察については，北嶋（2009）を参照。

(91)　内閣府「2013年度事業報告」https://www.npo-homepage.go.jp/npoportal/detail/0200004522015（2017年4月1日閲覧）によれば，同推進機構の会員数は251社（団体含む）である。なお，同推進機構の活動については，ホームページ http://www.suwamo.jp/about.html（2017年4月1日閲覧）を参照。

(92)　筆者が過去5回に亘り諏訪圏工業メッセに参加し収集した情報によれば，同メッセの運営主体の歴史的・地理的背景には，諏訪大社の氏子および旧高島藩領地内という帰属意識の存在があることから，同メッセの運営は地理的近接性および社会的近接性によって支えられているものと推察される。なお，同メッセに関するテンポラリークラスターの視点に基づく研究については，與倉（2011）を参照。

（3）クラスター推進組織の機能の整理とクラスターの広域連携

　表5-1は，4地域のクラスター推進組織の機能を整理したものである。この表から明らかなように，4地域のクラスター推進組織の支援内容，すなわち，クラスター促進機能には大きな違いはないことがわかる。その中でもグレー色の枠内の活動は，イノベーションに必要な情報収集，知識創造・発信の一時的なクラスターであるテンポラリークラスターの機能とみなすことができる。この点については，既述したように，特に長野県の諏訪圏ものづくり推進機構が事務局となって開催されている「諏訪圏工業メッセ」では，長野県内企業の出展を中心としながらも，国内および海外の企業や団体の出展もあり，グローバルパイプラインの機能を果たしている。

表5-1　4地域の推進組織におけるクラスター促進機能の整理

推進組織	クラスター促進機能		
	社会的アクター結合	専門的アクター結合	事業アクター結合
AMIネットワーク	医工連携ニーズ・シーズ情報調査，セミナー協力	コーディネーター，アドバイザー制度	広域的展示会，交流会出展・参加
いわて医療機器事業化研究会	産学官機関の相互認知・連携交流の促進，意識醸成，目的・戦略共有	地場企業技術力向上新技術開発促進	一体的情報発信・取引機会の拡大，展示会共同出展
みやぎ高度電子機械産業振興協議会	医療現場ニーズ収集，セミナー開催	東北大学との連携	展示会出展支援，川下企業マッチング支援
諏訪圏ものづくり推進機構	人材育成支援，企業体質強化	産学・産産マッチング情報提供	諏訪圏工業メッセ開催

補足：図中のグレー色の枠内の活動ではテンポラリテークラスターの機能が発揮される。
出所：各推進機関のケーススタディに基づいて筆者作成。

5-3　医療機器開発におけるネットワーク構造と近接性

（1）A社の製品開発・普及におけるネットワーク構造

　A社（岩手県）は，1978年2月にボートのパーツを中心に，FRP（繊維強化プラスチック：Fiber Reinforced Plastic）成形加工業を開始し，2010年4月から金属事業を開始している。同社の金属事業は，医療機器用および一般産業用の生体材料の製造・販売を主要目的として設立された部門であり，地域産業育成センターにおいて大学が開発したNiフリー Co-Cr-Mo合金の素材製造技術が確立され，同社がその設備を譲り受けて技術を継承することで開設された事業である。この金属事業の特徴としては，①小ロット対応，②成分目標値の指定による溶解，③試作品の開発，④短納期への対応が挙げられる。

　2001年8月に高機能コバルト合金の研究をしていた大学の提案で「コバルト合金生体材料開発研究会」が釜石市で立ち上げられた。金属事業はこの研究会に途中参加するところから開始されている。2004年にはコバルト合金製造に欠かせない「30kg高周波真空溶解炉」を岩手県と釜石市が合同で購入し研究開発から製造技術確立へと歩みを進め地元企業17社から成る「生体材料事業化研究会」が発足され企業連携へと発展した。2007年には同社が生体用材料等・特殊合金の溶解・加工事業実施企業として選定されたことで釜石市の保有する施設に自社のFRP事業の主要メンバーを派遣し，釜石市と共同で製造技術の確立を目指し2010年4月に金属事業部を立ち上げ操業を開始した。

　この背景には同社の主要事業であるFRP成形加工業分野での国際競争の激化がある。つまり同社は不況に強いを言われる医療機器分野を次の事業の柱として位置づけたのである。生体材料の開発には大学の指導に加え県の公的支援センターからの助言も大きな役割を果たした。同社では，コバルト合金に関する技術導入のため従業員2名を市内の産業育成センターに派遣したが，この研修で彼らは実際にコバルト合金によって製造されたインプラントに触れることで生体用金属材料開発に関する知識と製造方法の修得に対するモチベーション

図5-3　A社の医療機器用材料の開発・普及におけるネットワーク構造

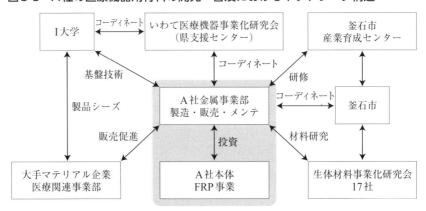

補足：グレー色の枠内は資本関係を意味している。
出所：インタビュー調査に基づいて筆者作成。

を高めた[93]。

　A社の医療機器用生体材料の開発・普及おけるネットワーク構造を描出すると図5-3のようになる。同製品の開発プロセスではI大学の研究者が開発したコバルト合金技術がベースになっている。同社では，その製品化・量産化に向けてプラントを建設するといった大きな決断をしたが，その道筋づくりでは，いわて医療機器事業化研究会といったクラスター推進組織が機能した。具体的には県の支援センターおよび釜石市の支援センターがクラスター促進機能を果たした。加えて，大手マテリアル企業の医療関連事業部が同生体用金属材料開発の初期段階からクラスターのアクターとして積極的に参画しており，A社で生産される生体用材料の普及にとって重要な役割を果たしている。

---

(93) A社の製品開発事例の概要については，筆者が実施したインタビュー調査による。詳細については，機械振興協会経済研究所（2014）pp.27-30を参照。

(2) B社の製品開発・普及におけるネットワーク構造

　B社（長野県）は，日本製としては実用化していなかった植込み型補助人工心臓の開発・製造・販売を目的として，1991年に設立されたベンチャー企業である。同社の母体は，時計部品等の精密な金属加工や半導体実装組立などに強みを持つM社で，自社製品こそないが高い技術力を持った諏訪地域での老舗企業である。M社の創業者Y氏の次男Z氏は，医科大学の教授で大学病院に勤務する中，1990年に新たな治療機器として植込み式の補助人工心臓を考案したが，その製品化には医療機器メーカーは消極的であったため，Y氏は息子のZ氏の願いを叶えるためB社を設立し，補助人工心臓の開発・製造・販売を手掛けることになった。1998年に植込み型補助人工心臓製造のための新工場をM社隣接地に設置，2001年には同社の米国法人を設立し臨床試験を開始，2005年に海外より先に国内で治験を開始し，2010年12月に念願の植込み型人工心臓の製造販売承認を厚生労働省から取得，翌年から販売を開始している。

　同医療機器は心不全になり充分に血液を送り出せなくなった心臓を補助するために，ポンプを体内に植込み血液を全身に送る装置で血液循環を改善維持することにより心不全症状を改善し，退院，在宅療養を可能にすることを目的に使用される機器である。同社が，製造販売認可を取得した医療機器はシンプルな構造の遠心ポンプで高い流量性能（最大20L/min）を有している。また，同医療機器では排水をポンプ内部に循環させるシステムを採用することにより血液ポンプを長期にわたって安定して駆動させることが可能となっている。同社では，既に2009年12月に臨床試験開始の認可を米国医薬品食品局（FDA）より取得し，臨床試験を開始し，欧州でも2010年9月にCEマークの取得申請を行っている。同医療機器の事業展開については，日本での事業展開は同社が担当，日本を除く全世界での事業展開については，欧州・アジア地域を大手マテリアルメーカーN社との合弁会社Ea社が担当，北米地域を同じく合弁会社Eb社が担当している。このように，E社とN社は，複数の合弁会社を設立することによってグローバル・サプライチェーンとの共存を可能にしている。同医療機器のこれまでの開発・治験段階では，国内ではW大学，米国ではP大学と

図5-4　B社の医療機器の開発・普及におけるネットワーク構造

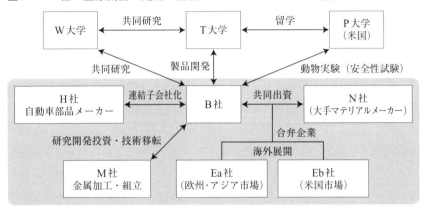

補足：グレー色の枠内は資本関係を意味している。
出所：インタビュー調査および同社プレスリリース資料に基づいて筆者作成。

連携している。なお，同社は，2012年11月に自動車用のコントロール・ケーブルなどを手掛けるH社によって買収されH社の連結子会社となっている[94]。

　B社の植込み型補助人工心臓の開発・普及におけるネットワーク構造を描出すると図5-4のようになる。図が示すように，この26年間でB社のネットワーク構造は非常に複雑な構造になっているが，他社との連携によりグローバル市場へのアクセス力を強めている。

(3)　医療機器開発における近接性

　以上のケーススタディに基づいて，医療機器開発における近接性の特徴について分析すると次のようになる。第一に，地理的近接性については，A社は，

---

(94)　B社の製品開発事例の概要については，筆者が実施したインタビュー調査による。詳細については，機械振興協会経済研究所（2011）pp.63-66を参照。なお，最新の動向については，同社プレスリリースhttp://www.evaheart.co.jp/information/press_20110121.html（2016年11月20日閲覧），『日経産業新聞』2012年11月2日掲載記事を参照。

いわて医療機器事業化研究会の会員として岩手県内で製品開発を行っており，I大学と連携することで生体用材料の製品化を実現しているが，実際の製品化にあたっては釜石市に生産設備を構えることで釜石市および研究会メンバーと地理的近接性を保持した取り組みを行っている。B社の場合は，長野県諏訪市において長期に亘り製品開発に取り組んできたが，共同研究者である国内外の大学や連携する企業との地理的近接性は弱いものの，最大の研究開発投資を続けてきたM社との地理的近接性は強い。

　第二に，認知的近接性については，A社では，大学研究者および大手マテリアルメーカーとの連携により生体用材料の市場投入を初期の段階から準備しており，また釜石市および企業との研究会を重ねることで開発製品に関する認知的近接性を調整しているが，特にこの調整メカニズムでは県の支援センターの果たした役割が大きかったと推察される。B社の製品開発では，大学病院の医師とB社および親会社のM社は親族関係にあり，医師の製品化にかける思いを十分に理解していたことが長期的な製品開発を可能にしたものと推察される。また，W大学との認知的近接性も適度に維持されたことが成功に繋がったものと考えられる(95)。

　第三に，組織的近接性については，A社の場合は，自ら新事業展開として設備投資を行ったことで県および釜石市の理解を深め，また産学官連携活動の初期段階から参画している大手マテリアルメーカーとの企業間連携では適度な組織的近接性が保持されているものと推察される。B社では，長期にわたり製品開発投資が親企業のM社により行われたことから窺えるように組織的近接性は強く，またT大学およびW大学による医工連携における組織的近接性は適度に保たれてきたと考えられる。結局，B社はH社に買収されることとなったがB社の組織体制をそのまま継続することが条件となったためB社内および外部との組織的近接性は維持されたものと考えられる。さらに海外展開に向けた

---

(95)　この経緯の詳細については，『産学官の道しるべ』2013年1月号，https://san-gakukan.jp/journal/journal_contents/2013/01/articles/1301-03-1/1301-03-1_article.html（2017年6月10日閲覧）を参照。

合弁企業を共同出資で設立したＮ社との組織的近接性は合弁企業Ea社（欧州・アジア市場対応）とEb社（米国市場対応）によって調整されているものと推察される。

　第四に，社会的近接性については，Ａ社では，いわて医療機器事業化研究会および釜石市の研究会などのアクターは殆どが岩手県内の大学，機関および企業であるため，地理的近接性をベースにした社会的近接性が形成されているものと考えられる。Ｂ社の場合は，親会社のＭ社とＢ社およびＴ大学教授は親族関係にあるため社会的近接性は強いもであったと考えられ，そのことが長期に亘る研究開発投資に繋がっていたものと推察される。

　第五に，制度的近接性については，医療機器に関連する制度および規制との近接性を指摘することができる。特にＢ社では，製品をグローバル市場で展開するため大手マテリアルメーカーと合弁企業を設立し，欧州・アジア市場と米国市場への対応として現地法人を設立している。また，このように医療機器はグローバル規模で普及促進されるため，ターゲット市場の制度的近接性の保持は必須条件となっており，それは生体用材料を生産するＡ社においても例外ではなくなってきているものと推察される。

(4) 医療機器開発における近接性の仮説的一般化

　では，医療機器の開発・普及プロセスと近接性との関係に関する仮説的一般化について説明する。図5-5に示すように，まずフェーズ1では，外部連携として大学研究者（試作開発者）との地理的近接性がアクター間の認知的近接性に影響を与える。これは後述する健康・福祉機器と同様の現象であると言える。また，このフェーズでは医療機器に関する法律・規制といったフォーマルな制度の理解（知識習得）が重要となるため，関連機関，県等の行政機関とのコミュニケーションが展開されることになり，制度的近接性が重視されるが，後述する健康・福祉機器と大きく異なるのは，この制度的近接性は国際的な基準に準拠することを前提にしている点である。これは医療機器がグローバル市場展開を想定していることに起因する。加えて，このフェーズでは企業が立地

図 5-5　医療機器の開発・普及プロセスと近接性の関係

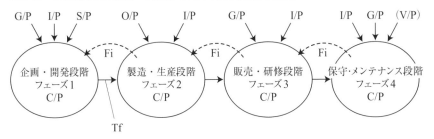

G/P：地理的近接性　　C/P：認知的近接性　　O/P：組織的近接性　　I/P：制度的近接性
S/P：社会的近接性　　V/P：仮想的近接性
Fi：情報のフィードバック　　Tf：タイムフロー

出所：筆者作成。

している地域社会におけるアクター間との信頼構築が重要であるため社会的近接性はこのフェーズにおいて認知的近接性の形成に影響を与える。この傾向も後述する健康・福祉機器と同じ現象と言えるが，医療機器の場合，この社会的近接性が，非常に長期に亘る開発期間に影響を与えるという点で健康・福祉機器と大きく異なっているものと推察される。

　フェーズ 2 では，医療機器の場合，国内外の大学病院や医療機関（動物実験など治験を可能にする機関）といった専門機関との組織的近接性が重要となる。さらにこのフェーズでは，医工連携による製品開発となるため医学部と工学部との組織的近接性，制度的近接性が認知的近接性の醸成に影響を与える。

　フェーズ 3 では，アクターとしてグローバル市場を含めた製品の普及環境を整備するため他企業との組織的近接性による認知的近接性の調整メカニズムが必要となる。

　最後のフェーズ 4 では，病院への提供において，医師との認知的近接性が最も重要となるが，そのためには制度的近接性と組織的近接性の役割が鍵となる。開発・販売された医療機器のメンテナンスや改良などでは，販売子会社と開発企業との組織的近接性が長期的に確立されることが不可欠となるが，特にグローバル市場対応で設立した海外子会社による販売では，地理的近接性の弱

さが開発企業と販売子会社の相互の認知的近接性に影響を与えることになるため，対面的コミュニケーション以外の方法も必要となる[96]。

5-4 健康・福祉機器開発におけるネットワーク構造と近接性

（1）C社の製品開発・普及におけるネットワーク構造

C社（秋田県）は1983年の設立以来，基盤部品やプリンター用インクリボンの組立など電子部品の受注生産を手掛けてきたが，2001年のITバブル崩壊後，事業環境は激変し，さらに，2008年にはリーマンショックの影響により受注生産事業から全面的に撤退した。2010年からは廃校となった小学校に本社を移転し，ピーク時にはパートを含め300人程いた従業員も20人規模まで大幅に縮小し，現在は県内グループ企業（5社）が開発した製品の企画・販売事業に特化している。

同社の福祉機器は，視覚障害者向けのセンサー付白杖である。同製品は正面および上方のセンサーが障害物を感知しグリップ部分に振動で知らせる電子白杖と呼ばれるものである。重量は，270グラムと世界最軽量で歩行補助具として「1個センサー直杖タイプ」の場合は3万円と低価格化を実現している。この製品はグループ企業が，S大学との産学連携によって開発・製品化したもので，製造・生産はグループ企業が行い，同社は製品の企画および販売を担当している。

C社の福祉用具「センサー付白杖」の開発・普及おけるネットワーク構造を描出すると図5-6のようになる。同製品の開発プロセスでは，S大学の研究者が開発・考案したセンサー技術を製品化のための基礎技術としてC社の県内グループ企業であるX社が導入し製品化までを担当した。つまり，同製品はS大

---

(96) これはICT（情報通信技術）を活用した仮想的近接性（virtual proximity）を意味する。従来の近接性の諸概念と仮想的近接性の概念の関係については，Jönsson（2015）を参照。なお，この概念については，第8章で改めて検討する。

図5-6　C社の福祉機器の開発・普及におけるネットワーク構造

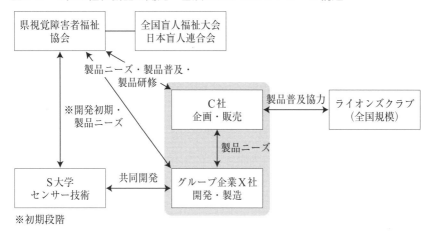

※初期段階

補足：グレー色の枠内は資本関係を意味している。
出所：インタビュー調査に基づいて筆者作成。

学とX社の産学連携が端緒となっている。この製品開発プロセスにおいてX社では，県視覚障害者福祉協会の協力を得て製品ニーズ情報を収集し，視覚障害者の方々が具体的にどのような白杖を望んでいるのかについて検討を重ね製品の実用化を実現した。次に，同製品の普及段階では使用者である視覚障害者の方々にセンサー付白杖の機能を理解して貰うと同時に，同製品の使用方法に関する研修を国内各地で実施することが不可欠となったため，X社は，日本盲人連合会主催の盲人全国福祉大会において製品紹介を行い研修の機会を得ることで同製品の啓蒙普及活動を展開した。この一連のプロセスを経て，センサー付白杖は県内の視覚障害者の方々を中心に少しずつ認知されるようになり，現在は同製品の企画販売は全てC社が担当している。

　C社では，同製品をさらに広く普及させる目的から全国のライオンズクラブの協力を得て市町村を中心に製品普及に努めている。このように，C社は産学連携によって誕生した福祉用具の企画販売に事業を特化することで，市場アクセス力の強化を図っている。同社では，製品の普及拡大に向けて，①ダイレク

トメールの発送，②展示会への出展，③ホームページの更新，④製品価格の見直し，⑤製品の改良（機能，デザイン），以上の5つをグループ企業と連携しながら実践している[97]。

(2) D社の製品開発・普及におけるネットワーク構造

　D社（宮城県）は，2008年11月に設立されたベンチャー企業である。主力製品は，「足こぎ車いす」と呼ばれる福祉機器である。V大学客員教授が開発した原理に基づいて同社が製品化したもので，半身麻痺や歩行困難の人でも片足が少しでも動けば自力で自由に移動可能で，乗り続けることで身体の機能回復も期待できる福祉用具として注目されている。2009年3月に試作第1号機が完成，同年7月から全国販売を開始している。2010年からは国内での市場拡大と海外での販売に向けて準備を進めている。同社の役割は，製品の企画・開発および販売であり，設計製造は国内企業のほか量産については台湾企業とも連携している。同社の「足こぎ車いす」には，アジア仕様と欧米仕様の2タイプがあり地域に対応した販売を行っている[98]。

　同社は，ファブレス型ベンチャー企業として企画・開発および販売に特化しながら，国内および海外企業との提携による国際分業モデルの構築，TAISコードはもとより，CEマークおよびFDAの認証取得によるグローバル市場対応[99]，製品の実演，試用期間の提供，ホームページでの動画配信，利用者の口コミ重視の営業を行っている。既に同製品は4,000台以上の販売実績があり，エクアドル，コロンビア，ベトナム，タイなど海外でも普及し始めている。

---

(97) C社では，センサー付白杖の海外製品の調査も行っているが，台湾製品等が競合製品となっている。今後はICT（情報通信技術）との連携を視野に入れている。以上のC社における製品開発事例については，筆者が実施したインタビュー調査による。詳細については，機械振興協会経済研究所（2014）pp.26-29を参照。

(98) D社の製品開発事例の概要については，筆者が実施したインタビュー調査による。詳細については，機械振興協会経済研究所（2014）pp.22-24を参照。

(99) CEマークとは，その商品が全てのEU加盟国の基準を満たしていることを証明するマーク。FDA（Food and Drug Administration）とは，米国に医療機器を輸出する場合に必要となる届出・承認申請を取り扱う機関。

図5-7　D社の福祉機器の開発・普及におけるネットワーク構造

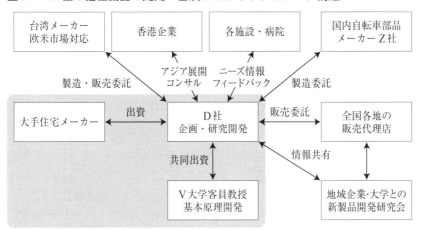

補足：グレー色の枠内は資本関係を意味している。
出所：インタビュー調査に基づいて筆者作成。

　D社の福祉機器「足こぎ車いす」の開発・普及おけるネットワーク構造を描出すると図5-7のようになる。同製品の開発プロセスでは，V大学客員教授の研究成果が基礎となっており，同社社長は自ら転職し同社を立ち上げ，本格的な試作開発，製品コンセプトの明確化に努めた。製品化の実現にあたっては，国内の自転車部品メーカーと台湾の大手自転車メーカーから部品受注している企業2社の協力によって他社に模倣されない製品化を実現している。さらに，アジア市場展開に必要なノウハウについては香港企業のコンサルを受け知識習得を行っている。製品化・量産化では，国内および台湾の自転車部品メーカーに製造を委託している。製品改良については，福祉施設および病院からのフィードバック情報を重視しており，利用者の感想が重要な手掛かりとなっている。販売については，県内外の企業と代理店契約を結び全国展開の体制が整備されているが，上述したように，海外での販売実績も出始めており，さらに，大手住宅メーカーが同社に出資したことで販路拡大がより強化されてい

る⁽¹⁰⁰⁾。

(3) 健康・福祉機器開発における近接性

　以上のケーススタディに基づいて，健康・福祉機器開発における近接性の特徴について分析すると次のようになる。第一に，地理的近接性については，C社のセンサー付白杖の開発および製品化の段階では，グループ企業X社とS大学，県視覚障害者福祉協会および同社の関連企業が地理的近接性による産学公連携を実践し，製品の販路拡大の段階では，製品化を実現したX社と地理的に近接している同社が製品の企画・販売を担当しており，さらに地理的に近接する県内のライオンズクラブの協力を得ながら製品普及に努めている。一方，D社の足こぎ車いすでは，製品企画段階では，同社，大学および研究会参加企業といったアクター間における連携において地理的近接性が機能しているものの，製造・販売では，県外企業，海外（台湾）企業といった地理的には離れているアクターとの連携が重要となっており，この段階でのイノベーションは地理的近接性以外の次元が作用しているものと考えられる。

　第二に，認知的近接性については，C社では大学の研究開発者および県の視覚障害者協会とのコミュニケーションを重ねることによって認知的近接性を構築している。また，ライオンズクラブとのコラボレーションにより，製品の利点を理解してもらうための知識移転に努め，認知的近接性をつくりあげている。D社では特に製造・販売段階において国内メーカーおよび台湾メーカーに企画内容や製品コンセプトの知識を積極的に移転し，相互の認知的近接性を維持していることが窺える。

　第三に，組織的近接性については，C社の場合は，X社を含む県内グループ企業との連携によって製品開発・改良が行われており，組織的近接性が機能しているものと考えられる。一方，D社の場合は，製造・販売において県外の

（100）D社の事業に対する大手住宅メーカーの出資については，『日本経済新聞電子版ニュース』2017年2月21日掲載を参照。

メーカーや台湾企業に製造・販売を委託しているため組織的近接性が強いとは言えないが，これに関連してD社の組織的近接性については，同社社長のコメントが興味深い。すなわち，「実際のものづくりは，提携先のZ社に委託している。デザイン・軽量化・機械の簡素化は全てZ社のノウハウである。発明者の基本概念があり，同社（D社）がコンセプトを固め，Z社が形にする。それぞれの考えを尊重し，作業工程の途中で口出しはしない。仕上がった段階で意見を出し合う。この方法は一見非効率に感じられるが，お互いの気分を害さず業務を遂行するために一番良い流れだ。"出来上がってダメだった"では時間も費用ももったいないと思われるだろうが，この場合それぞれに原因があってうまくいかなかったのだからお互いさまで，素直に反省できる。『中小企業の輪』の秘訣かもしれない」[101]。このD社社長のコメントは，有効な組織的近接性とは何かについて考える契機を我々に提供してくれる。つまり，同社（D社）と提携先のZ社との間に"緩やかな連携"が構築されていることが，適度な組織的近接性を形成し，それが「足こぎ車いす」という新発想の福祉機器の製造・生産といったイノベーションに繋がっているものと推察される。換言すると，近接性は，あまり弱すぎても強すぎてもイノベーション活動に対して障害をもたらすことになるため，適度な近接性が重要となる。そして，これは後述する制度的近接性や社会的近接性を含め，全ての近接性の次元に言える特徴である。

　第四に，社会的近接性については，C社によるネットワーク構造は殆どのアクターが秋田県内の企業，大学，機関であり，製品開発から普及に至る一連のプロセスにおいてこの社会的近接性が少なからず影響を与えていることが窺える。但し，C社の課題として言えることは，グループ企業内ベンチャー企業として福祉機器の企画・販売に初めて取り組んでいるため，当該製品の場合は視覚障害者の方々とのコミュニケーションを積み重ねることが製品開発および普及の必要条件となっており，そのためには障がい者と健常者との社会的近接性

（101）このコメントについては，鈴木（2012）を参照。

の調整メカニズムを学習する必要性を痛感しているものと推察される。また，これは他の福祉機器の開発においても同様であると考えられる。一方，D社の場合は，仙台を拠点にしているものの，大学発ベンチャーとして海外を含む他地域の企業とのコミュニケーションが多く，社会的近接性に依存する傾向は見られない。むしろ，D社が注力しているのは，病院や施設との認知的近接性を形成するための社会的近接性の活用である。同社のホームページには製品を理解して貰うための動画が掲載されており，全く新しい発想に基づく同社の製品を利用者の体験を通じて広く理解して貰うための工夫がなされているが，これは将来の利用者を想定した社会的近接性の構築と言える。

　第五に，制度的近接性については，介護福祉機器・用具に属する製品開発では，介護保険対象福祉用具か対象外福祉用具かによって普及環境は全く異なるものになるため，C社，D社共に介護福祉機器・用具に関する制度を十分に理解した上で製品開発に取り組んでおり，制度的近接性はヘルスケア関連機器の開発・普及にとって非常に重要な近接性となっている。また，D社では，海外市場展開も積極化しており，実績も出始めているが，この場合には，海外展開する国（地域）の福祉機器普及に関する制度との近接性が重要となる。福祉機器・用具ではCEマークの取得が必要であるが，より重要な課題は，製品の普及を指向する国（地域）の社会保障制度，ライフスタイルおよび病院や施設の組織環境との近接性をどのように調整できるかにある。つまり，制度的近接性は社会的近接性や組織的近接性と連動しているのである。

(4) 健康・福祉機器開発における近接性の仮説的一般化

　では，健康・福祉機器の開発・普及プロセスと近接性との関係に関する仮説的一般化について説明する。図5-8に示すように，まずフェーズ1では，外部連携として大学研究者（試作開発者）との地理的近接性がアクター間の認知的近接性に影響を与える。また，健康機器および福祉機器に関する法律・規制といったフォーマルな制度の理解（知識習得）が重要となるため，関連機関，県等の行政機関とのコミュニケーションが展開されることになるため制度的近接

図5-8　健康・福祉機器の開発・普及プロセスと近接性の関係

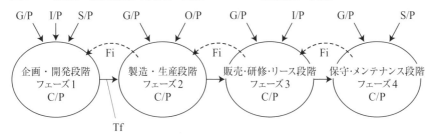

G/P：地理的近接性　　C/P：認知的近接性　　O/P：組織的近接性　　I/P：制度的近接性
S/P：社会的近接性
Fi：情報のフィードバック　　Tf：タイムフロー

出所：北嶋（2017b）。

性が重視される。さらに，企業が立地している地域社会を基盤としたアクター間の信頼が構築されていることが前提となるため，社会的近接性もこのフェーズでの認知的近接性の形成に影響を与えるものと考えられる。

　フェーズ2では，地域内外の中小企業のコラボレーションにより製品化が実現されるケースが少なくないが，ここでは各企業間の組織的近接性が重要となる。共同作業を進める上で，例えば，モノづくりへの独自のこだわりを有している企業間では，組織的近接性が認知的近接性の形成に影響を与える。また，地域内の中小企業同士の共同作業では，対面的コミュニケーションによる打合せが頻繁に発生するが，ここでは地理的近接性が認知的近接性に影響を与える。

　フェーズ3では，アクターとして代理店，商社，レンタル事業者，施設，製品の利用者・仲介者が加わることになるため，企業は研修を通じて自社製品の知識移転を積極的に展開しながら販路拡大に努めることになるため，施設や関連業者との物理的距離，すなわち，地理的近接性がアクター間の認知的近接性の形成に影響を与える。一方，介護施設，病院あるいは自宅の場合，その製品を取り巻くフォーマルな制度に関する知識の共有が重要となるため，ケアマネジャー，介助者，被介助者，家族等を含めたアクター間の制度的近接性が重要

となる。

　最後にフェーズ4では，施設，レンタル事業者，自宅に提供された製品の修理，保守，メンテナンスを通じて介助者，被介助者，障がいを持った人々の意見をフィードバックし，その後の製品およびサービスの改善に繋げることが重要となるため，このフェーズでは企業（製造・販売業者，レンタル事業者）と製品利用者（介助者，被介助者，障がいを持った方）との信頼（trust）が重要となり，社会的近接性がアクター間の認知的近接性の形成に影響を与える。

　ところで，これらの複数の近接性は相互作用（相互補完）することで各フェーズにおいて「適度な認知的近接性」の形成に寄与するが，例えば，地理的近接性や社会的近接性などが非常に強すぎた状態で製品の企画・開発が行われた場合（フェーズ1），連携するアクター同士の発想は閉鎖的・限定的になる危険性がある。また，アクター同士が友人関係，親族関係のため信頼感が強すぎた場合には，経済的合理性を考慮しないまま製品企画が行われる危険性がある。このように，複数のアクターによって展開されるイノベーション活動はリスクを伴うが，近接性の概念はその複雑なリスクの発生メカニズムを解き明かすツールとしての有用性を持っているものと考えられるのである[(102)]。

（102）健康・福祉機器の開発・普及プロセスと近接性の関係については，北嶋（2017b）を参照。

第 **6** 章

ヘルスケア産業
クラスター形成の日韓比較

6-1 福島県の医療機器産業クラスター形成の取り組み

(1) 福島県のクラスター政策と産業交流事業

　福島県と韓国江原道では，郡山市と原州市が中心となって医療機器産業を巡る国際交流が活発に行われている。そこで，本章では両地域の交流から日韓医療機器産業クラスター形成の比較分析を行った上で，福島県が医療機器産業クラスター形成の一環として開催している国際的医療機器展「メディカルクリエーションふくしま（MCF）」を取り上げ，IDTモデルの視点からテンポラリークラスターの機能について検討する。

　福島県では2005年度から「うつくしま次世代医療産業集積プロジェクト」が開始されている。このプロジェクトは，同県が世界をリードする「医療機器設計・製造」のハブ拠点形成を目指すものであり，第一に，医療福祉機器産業協議会の開催，第二に，ビジネスマッチングの実施，第三に，先端医療機器等の研究開発，第四に，医療機器関連産業を担う人材の育成，第五に，中小企業への医薬品医療機器等法許認可支援，第六に，中小企業への販路拡大支援，第七に，医療関連産業等の支援基盤の体制強化，以上7つのアクションプランが設定されている[103]。さらに，東日本大震災に伴う東京電力福島第一原子力発電所事故により甚大な被害を受けた同県では，復興計画の一環として医療関連産業集積プロジェクトによる医療機器開発支援がより強化され，2016年11月7日には医療機器の開発から事業化までを一体的に支援する国内初の施設「ふくしま医療機器開発支援センター」が開所されている[104]。

　ここで，2010年度から2012年度までの3年間に郡山市で開催された医療機器展（MCF）に出展した韓国企業数と原州市で開催された医療機器展（GMES）

---

[103] 「うつくしま次世代医療産業集積プロジェクト」の概要については，同県ホームページhttp://fuku-semi.jp/iryou-pj/Project/concept.html（2017年3月5日閲覧）を参照。
[104] 福島の医療機器産業の発展と復興については，石橋（2015）を参照。

に出展した日本企業数を示すと表6-1のようになる。この表が示すとおり福島県と江原道の企業および団体は相互に各々の展示会に出展していることから，本研究では，これを"ダブル・テンポラリークラスター（double-temporary cluster）"と名付けている。つまり，本章後半で検討するように，Maskell, Bathelt and Malmberg（2006）の知識創造のフォーカスと時間的範囲による組織形態の類型に照らし合わせるならば，この"ダブル・テンポラリークラスター"はテンポラリークラスターと同様に知識創造のフォーカスの未来指向性と知識の広範囲に亘る普及をより強化する機能を果たしている[105]。

表6-1　郡山市と原州市における相手先の医療機器展への出展企業数

| | 医療機器展示会開催年度 | | |
	2010	2011	2012
MCF・韓国側出展企業数（開催地：福島県郡山市）	5	4	6
GMES・日本側出展企業数（開催地：江原道原州市）	4	3*	2*

補足：MCFは「メディカルクリエーションふくしま」，GMEは「江原道医療機器展」の略称。*の数値は2011年の東日本大震災の影響と考えられる。
出所：インタビュー調査に基づいて筆者作成。

(2) 福島県と江原道のグローバル・リンケージ

　産業集積内のアクターが距離的に離れた海外の企業を含む多様なアクターと未来指向型の知識創造を可能にするためのコミュニケーション・チャネルは，グローバルパイプラインと呼ばれ，"ダブル・テンポラリークラスター"は，

[105] 福島県郡山市と江原道原州市の関係については，両地域で筆者が実施したインタビュー調査に基づいている。インタビュー調査は，機械振興協会経済研究所の自主調査研究事業「日韓産業クラスター比較研究」の一環として2012年9月から11月にかけて福島県郡山市および江原道原州市において筆者が企画し実施したものである。調査対象機関は，公益法人郡山地域テクノポリス推進機構，江原発展研究院，財団法人原州医療機器テクノバレー財団，江原研究発展院および延世大学である。本研究で使用している質的情報および統計的情報は，これらのインタビュー調査で入手した資料に基づいている。なお，本調査研究事業の概要については，機械振興協会経済研究所（2013），北嶋（2014）を参照。

福島県と江原道の産業集積内におけるそれぞれの中小企業を含む多様なアクターをグローバルパイプラインに繋げる役割を持っており，各々の医療機器展の開催期間内に行われる商談会やセミナーは，ローカルバズだけでなくグローバルバズを発生させている。

　Menzel and Fornahl（2010）は，クラスターの発展にとってクラスター内の構成要素（アクター）による知識の異種交配（heterogeneous of knowl-wedge）の重要性を指摘しているが，福島県と江原道の交流はクラスター内の構成要素だけでなく，クラスター相互の構成要素間でより多様な知識の異種交配を発生させている現象として捉えることができる。筆者が原州市と郡山市で実施した現地調査によれば，原州市で開催された江原道医療機器展（GMES）における日本企業の出展ブースには「JAPAN CLUSTER」，郡山市で開催されているメディカルクリエーションふくしま（MCF）における韓国企業の出展ブースには「原州医療機器産業クラスター館」の看板が掲げられており，これはまさに"ダブル・テンポラリークラスター"の存在を象徴するものである。

　換言すると，テンポラリークラスターとは，ローカル企業が地理的に離れた場所に存在している知識ポケットにアクセスすることを可能にする「重要な乗り物」であるとするMaskell, Bathelt and Malmberg（2006）に従うならば，"ダブル・テンポラリークラスター"は，ローカル企業が地理的に離れた場所に存在している知識ポケットに"相互乗り入れできる乗り物"と表現することができる。さらに，福島県郡山市と江原道原州市の医療機器産業クラスターは，展示会への相互出展を契機に両地域の企業が医療機器等の製造・販売で業務提携するなど様々な効果を発揮していることから，本研究では，こうした国際的なクラスター間の繋がりをグローバル・リンケージと名付けている。すなわち，グローバル・リンケージとは，複数のグローバルパイプラインの束であり，2つ以上の産業クラスター間の国際的な相互作用を意味しているのである（図6-1参照）[106]。

（106）クラスターの国際的リンケージと関連する研究については，藤原（2014）を参

図6-1　福島県と江原道のクラスターのグローバル・リンケージ

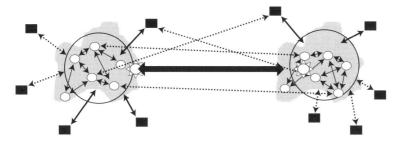

江原道の医療機器産業クラスター　　　　　　　福島県の医療機器産業クラスター

◯	パーマネントクラスターの範囲	◀····▶	新しいグローバルパイプライン
◯ ■	アクター，企業	◀━▶	グローバル・リンケージ
	共有されている価値，相互解釈のスキーム	✴	ダブル・テンポラリークラスターによるグローバルバズの発生
◀━▶	ローカルバズ		
◀━▶	従来のグローバルパイプライン		

出所：Bathelt and Schuldt（2008）および奥倉（2013）を参考に筆者作成。

6-2　医療機器産業クラスター政策の日韓比較

（1）福島県医療機器産業クラスター政策の発展経緯

　福島県の医療機器産業クラスター政策の中心地は郡山市である。同市の医療機器産業クラスター政策は，公益財団法人郡山地域テクノポリス推進機構によって推進されている。現在，郡山地域テクノポリス圏域は，新産都市，テクノポリスを経て機械・金属・電気・電子・化学・食品・情報など多様な業種による産業集積地となっている。政府のクラスター関連施策との関係では，2002年から文部科学省「都市エリア産学官連携促進事業（一般型）」，2006年

　照。この研究の中で藤原は知識創造において，Bathelt他（2004）のグローバルパイプラインおよびRychen and Zimmermann（2008）のゲートキーパー（gatekeepers）の重要性を指摘している。

から「都市エリア産学官連携事業（発展型）」が開始され，2009年以降は「地域イノベーションプログラム（グローバル型）」にも取り組み，同県の医療機器産業は成長段階にある。こうした中，2009年10月には，韓国江原道原州市の医療機器産業クラスター政策への視察が行われ，同年11月に「医療福祉機器開発相互技術協定書」が調印されたことにより，この時期から郡山市と原州市を中心に福島県と江原道における医療機器産業クラスター政策に関する相互交流が開始されたのである[107]。

(2) 江原道医療機器産業クラスター政策の発展経緯

　江原道における医療機器産業クラスター政策は，原州市を中心に展開されており，同市にある財団法人原州医療機器テクノバレーはクラスター政策の中心的役割を果たしている。また，延世大学が果たしている役割も大きい。同大学では，医療機器産業に焦点を当てた起業家育成に注力しており充実したインキュベーション機能を持っている。原州市の医療機器産業クラスター政策は，2002年の延世大学における医療関連センターの設立を皮切りに2003年の原州医療機器テクノバレーの設立から本格的に開始されたが，この医療機器産業クラスター政策で特に注目したい点は，2005年に韓国産業技術試験院（KTL）江原圏本部原州分所が開所されたことである[108]。医療機器産業クラスター形成では，認証および試験を担うパブリックセクターがクラスターのネットワーク内に設置されることが重要な要件であると考えられるが，原州市の医療機器産業クラスターでは，その要件を満たす取り組みがこの時点で着実に実行されていたのである。

---

(107) 組織間連携の視点に基づく福島県の医療機器産業の促進に向けた場の形成過程に関する考察については，川端（2017）pp.131-157を参照。
(108) 小泉（2012）によれば，KTLは，知識経済部傘下の政府出資機関で電気用品と電子部品に関する製品認証と国際認証制度による規格認証などの品質認証，および機械，電子部品等に関する信頼性試験の審査を行っており，医療機器については，認証，型式試験，医療機器GMP（品質保証）などの審査を担っているとされる。

(3) 医療機器産業クラスター政策の比較

　郡山医療機器産業クラスターと原州医療機器産業クラスターは，医療機器産業クラスター形成の推進組織およびクラスターを構成するアクターなどにおいて類似性を持った構造になっているが，福島県と江原道における医療機器産業クラスター政策の特徴を精査すると，そこには共通点と相違点が存在していることがインタビュー調査から明かになっている。そこで，2つの医療機器産業クラスター政策の共通点と相違点を整理すると以下のようになる[(109)]。

　まず，共通点については，第一に，両者共に中核機関を中心にクラスター政策が実践されている点を指摘することができる。具体的には，福島県医療機器産業クラスターでは公益財団法人郡山地域テクノポリス推進機構および一般財団法人ふくしま医療機器産業推進機構がクラスター形成の中核機関となっている。また，江原道医療機器産業クラスターでは原州医療機器テクノバレー財団がクラスター形成の中核機関を担っている。第二に，医療機器産業政策を当該地域の産業政策の中心に位置付けている点を指摘することができる。具体的には福島県では「うつくしま次世代医療産業集積プロジェクト」が推進されており，江原道でも「江原道原州市医療機器産業クラスター」が推進されている。なお，韓国政府は「江原広域経済圏先導産業支援団」の一環として医療観光にも注力しており，2009年に「江原道医療観光支援センター」が設立されている。第三に，医療機器関連試験機関等の施設を有している点を挙げることができる。原州市には既に韓国産業技術試験院（KTL）江原圏本部原州分所が開所されており，試験機関との地理的近接性（geographical proximity）を求める医療機器関連企業の集積に貢献している。また，郡山市でも2016年11月に「ふくしま医療機器開発支援センター」が開所されている。同センターは，安全性評価機能，人材育成・訓練機能，コンサルティング・情報発信機能，マッチング機能の4つの機能を有し，試験部門，生物試験部門，研修部門および模擬研修・実験部門に対応した主要設備を装備していることから，医療機器関連

---

(109) インタビュー調査の詳細については，北嶋（2014）を参照。

企業の集積を促すマグネット効果を発揮するものと期待されている。第四に，両地域共に中核機関が中心となって国際的な医療機器展を開催している点を挙げることができる。具体的には，郡山医療機器産業クラスター関連では「メディカルクリエーションふくしま（MCF）」が定期的に開催されており，原州医療機器産業クラスター関連でも「江原道医療機器展（GMES）」が定期的に開催されている。また，各展示会に地域内企業が交互に出展することで医療機器分野における“ダブル・テンポラリークラスター”を発生させており，両地域間でグローバル・リンケージが形成されてきている。第五に，クラスターを形成している地域内に医療関連および工学関連の大学が存在している。具体的には，郡山医療機器産業クラスター関連では，特に日本大学工学部を中心に医工連携研究プロジェクトが展開されている。一方，原州医療機器産業クラスター関連では，延世大学の医療工学研究センターを中心に地域密着型の産学連携が展開されている。第六に，クラスター形成を促進するため地域内にインキュベーション施設を有している点を挙げることができる。具体的には，郡山市には日本大学工学部キャンパス内に「郡山テクノポリスものづくりインキュベーションセンター」が設立されている。また，原州市には延世大学原州キャンパス内に「メディカルインダストリーテクノタワー」という名称のインキュベーションセンターが設立させている。

　次に，相違点については，第一に，福島県の医療機器産業クラスター政策が大手医療機器メーカーを核とした中堅・中小企業群による既存産業集積に基盤を置いたクラスター政策であるのに対して，江原道の医療機器産業クラスター政策はベンチャー企業の創出と国内外からの企業誘致に基盤を置いたクラスター政策であることから，両地域のクラスター形成のメカニズムは異なっている。第二に，両地域は共にインキュベーション施設を有しているが，江原道ではベンチャー企業創出の第一段階として延世大学インキュベーション施設における起業家教育の徹底，第二段階として江原圏内の貸工場の提供による創業資金，生産・製造技術，人材獲得，設備投資などの経営資源に対する支援，第三段階として江原圏内の工業団地での本格的な事業の確立，といった段階的な支

援により医療機器分野でのベンチャー企業を創出しており，福島県と比較し相対的にインキュベーション機能の実効性が高い。第三に，江原道医療機器産業クラスター政策では，特に原州市の健康都市（Healthy Wonju）計画の一環として「医療機器総合支援センター」，「企業都市MediPolis」，「革新都市Innovation City」の発展計画が進められており，都市計画の色彩が強い点は福島県とは異なっている[110]。

(4) クラスター形成メカニズムの比較

　上述のように，福島県の医療機器産業クラスター政策が県内の医療機器関連企業を含む既存の産業集積を土台にしてクラスター形成を支援しているのに対して，江原道の医療機器産業クラスター政策は大学発ベンチャー企業や国内外からの誘致企業によるクラスター形成の支援に重点が置かれている点において，両者のクラスター形成のメカニズムは異なっている。そこで，両地域のクラスター形成のメカニズムを示すと図6-2および図6-3のようになる。まず，福島県については，「非クラスター企業群シフト型」と呼ぶことができる[111]。福島県は医療機器産業クラスター政策に取り組む前から大手医療機器メーカーとその取引先企業群によって医療機器生産金額が国内でも上位に位置づけられていたが，医療機器産業クラスター政策が本格化したことで，既存の医療機器関連企業に加えて他分野からの参入が活発化している。これをIDTモデルで

---

(110)　以上の比較分析は，筆者が福島県郡山市および江原道原州市で各機関を対象に実施したインタビュー調査に基づいている。調査結果については，北嶋（2014）を参照。

(111)　一般財団法人ふくしま医療機器産業振興機構では，福島県医療産業企業データベースを構築し情報提供を行っている。このデータベースは，材料等，部品加工・表面処理，構成機器・センサー，各種部品，開発設計・システム・ソフトウェア，組立・自動化，医療機器製造・販売，医薬品製造・販売，医薬部外品等製造・販売，大学等研究機関，産業支援機関・官公庁，その他の12のカテゴリーで構成されており，他産業・業種からの医療機器産業への参入を促進するためのツールとなっている。以上については，同機構のホームページ http://www.fmdipa.jp/db/index.php（2017年7月31日閲覧）を参照。

捉えるならば，福島県の医療機器産業クラスター形成は，既存の集積をベースにグローバル・リンケージによる相互学習を通じて県内の中小企業のイノベーションを促進し，新たな医療機器産業集積に変換させる取り組みとみなすことができる。また，その特徴については，第一に，福島県と江原道のグローバル・リンケージが相互のクラスター政策にプラスの影響を与えていること，第二に，中核機関のクラスター促進機能により既存の医療機器メーカーのみならず，日本大学工学部など地域資源を有効に活用できる環境が整備されていること，以上の2点を挙げることができる[112]。

　次に，江原道の特徴については，第一に，2002年に延世大学が医療計測およびリハビリ工学研究センター（RRC）と先端医療機器技術革新センター（TIC）に指定され，2003年には同大学に医療工学研究センターが設立されると共に，同年に財団法人原州医療機器テクノバレーが設立されたこと，第二に，延世大学の「メディカルインダストリーテクノタワー」による大学発ベンチャー企業の育成，当該地域にある貸工場や工業団地など事業化に向けた段階的支援が功を奏し，国内外からの企業誘致も活発化することによって，医療機器関連企業の集積が殆どなかった地域で医療機器産業クラスター形成が短期間で実現されたこと，以上2点を挙げることができる[113]。

　つまり，図6-3の示したように，江原道医療機器産業クラスター形成のメカニズムは「大学発ベンチャー・企業誘致型」と呼ぶことができるが，その背景となった韓国政府のベンチャー企業政策について補足すると以下のようになる。第一に，1997年の韓国通貨危機により財閥系企業が内包していた多くの課題が露呈した結果，情報技術（IT：Information Technology）分野を中心とした新産業創出および新たな雇用創出としてベンチャー企業政策が強く打ち出

---

(112) クラスター促進機能については，前章を参照。

(113) 原州市医療機器産業クラスターの発展要因における延世大学の役割に関する分析および考察については，小泉（2012）を参照。なお，筆者のインタビュー調査によれば，特に延世大学のインキュベーション機能および原州市を中心としたベンチャー企業の育成方法は，郡山医療機器産業クラスターにおける企業および諸アクター間の共有価値および相互解釈スキームに影響を与えたものと推察される。

図6-2　福島県の医療機器産業クラスター形成のメカニズム

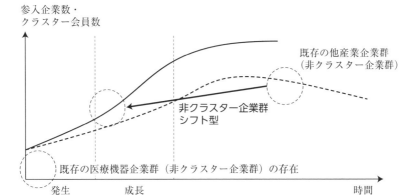

出所：Menzel and Fornahl（2010）のクラスターライフサイクルモデルを参考に筆者作成。

図6-3　江原道の医療機器産業クラスター形成のメカニズム

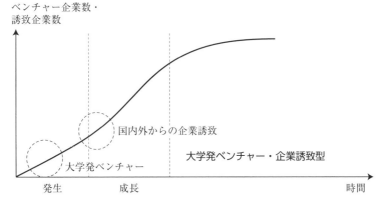

補足：2003年までに原州市には約150のベンチャー企業が誕生している。原州市のベンチャー企業の誕生経緯については，西川（2003）を参照。
出所：図6-2と同じ。

されたこと，第二に，米国留学者がシリコンバレーモデルを参考に，帰国後は彼らの米国との人脈やシステム上の繋がりを活用して，IT関連のベンチャー企業を創出し始めたことが韓国内のベンチャー企業ブームへと波及したこと，以上である(114)。

　ここで，韓国政府の政策転換という視点から韓国の産業クラスター政策を捉えてみると以下のようになる。第一に，1997年の通貨危機後，韓国政府は経済の体質に大がかりな外科手術（金融改革，企業改革，労働改革，公共部門改革）を施したが，産業クラスターはまさに通貨危機後の改革を前提として開始されたものであり，換言すると，韓国政府の諸改革が産業クラスター形成に必要な環境整備として機能したこと，第二に，韓国の産業クラスターが「国家均衡発展政策」を実現するための手段として位置づけられたこと，つまり，2003年に誕生した盧武鉉政権は新政権としての独自性を打ち出すために12の国政課題を提起し，その中の1つとして「国家均衡発展政策」が重要課題として掲げられ，産業クラスター政策が，この「国家均衡発展政策」を実現するための具体的な方策として採用されたことを指摘することができる(115)。

　このように，福島県の医療機器産業クラスター形成のメカニズムが医療機器関連企業を含む「非クラスター企業群シフト型」であるのに対して，江原道の医療機器産業クラスター形成のメカニズムは，インキュベーション機能に軸足を置いた大学発ベンチャー企業と医療機器分野に特化した国内外からの企業誘致といった「大学発ベンチャー・企業誘致型」であり，両地域のクラスター形成のメカニズムは明らかに異なっている。

（114）原州市のベンチャー企業の誕生経緯については，西川（2003）を参照。
（115）韓国の国家均衡発展政策およびベンチャー企業育成の詳細については，西川（2003）を参照。なお，韓国の起業家精神（entrepreneurship）を持った企業家と「財閥」化の関係については，服部民夫・佐藤幸人（1996）を参照。ほか，国家均衡発展政策の概要については，自治体国際化協会ソウル事務所（2006）を参考。韓国のクラスター政策（地域戦略産業の地域別配置）については，車（2011）を参照。

(5)　グローバル・リンケージによる異種交配の効果

　クラスター形成のメカニズムが，異なる2つの地域におけるグローバル・リンケージは，地域間における異種交配（heterogeneous）を活発化させ，その結果，各々の医療機器産業集積内の企業を含むアクターに対して単独の産業集積よりも多様かつ豊富な知識を提供することを可能にする。こうしたグローバル・リンケージの効果は，以下のような成果からも確認することができる。つまり，2009年9月から2013年12月までに2つのクラスターの企業間で行われた商談取引件数は77件，技術開発協定は7件，成約見込み企業件数は22件に達している。また，2012年6月に福島県の精密部品加工企業と原州市の企業との間で技術開発協定が締結され，共同開発・製品化が公表されたが，この協定は，その後の両地域の企業間における国際連携のモデルとなっている[116]。

　ところで，両地域のグローバル・リンケージを可能にした要因については，特に公益財団法人郡山地域テクノポリス推進機構技術コーディネーター佐藤彰氏の存在を指摘することができる。佐藤氏は，政府機関および国際機関の政府開発コンサルタント（Official Development Consultant）として，約30年に亘り医療関連施設の建設や機材整備を含む保健医療分野の開発に従事した人物である。金（2015）は，佐藤氏のコーディネートによって，郡山市と原州市は医療機器の共同研究会を通したネットワークの活性化や相互技術交流データベースの構築，韓国の医療機器完成品メーカーと日本のモジュール・部品メーカーの相互マッチングなどの推進が可能となったと分析している。つまり，佐藤氏という有能なクラスター促進者の存在が，両地域間のグローバル・リンケージを可能にしたのである[117]。

---

(116)　この技術提携の概要については，「日本経済新聞」2012年6月15日地方経済面に掲載されている。

(117)　筆者のインタビュー調査によれば，公益財団法人郡山地域テクノポリス推進機構と財団法人原州医療機器テクノバレー財団との間で2009年に総合技術協定が締結されたが，その契機となったのは2002年に佐藤氏が郡山市の韓国視察の一環で利川（イチョン）を訪問した際，原州市に立ち寄ったことであったことが確認されている。

6-3 IDTモデルにおけるテンポラリークラスターの機能

(1) 知識創造の場としてのMCF

　毎年，福島県郡山市で開催されている「メディカルクリエーションふくしま」（以下，MCF）は，地方都市で開催される医療機器展としては海外の企業および団体も参加する数少ないテンポラリークラスターである。同県では，このテンポラリークラスターを含む医療機器産業クラスター政策によって医療機器産業の飛躍的な成長を実現している。そこで，MCFの分析を通じて，IDTモデルにおけるテンポラリークラスターの機能について検討する[118]。

　2007年から2014年までの医療機器生産金額および医療機器受託生産金額の推移を示すと図6-4および図6-5のようになる。いずれも2009年には前年に発生したリーマンショックの影響を受け大幅な減少となったが，その後は増加傾向を維持している[119]。具体的には，医療機器生産金額は2007年の6,900億円弱から2014年には1,300億円に達し，2倍近い金額まで伸長していることがわかる。一方，医療機器受託生産金額についても2007年の250億円弱から2014年には433億円と1.7倍以上まで拡大しており，同県の医療機器産業が順調に成長していることがわかる。

(2) MCFの動向分析

　福島県では，郡山市にあるコンベンションセンター「パレットふくしま」において医療機器展「メディカルクリエーションふくしま（MCF）」が開催されている。以下ではMCFの動向について分析する[120]。

---

(118) 国際的なコンベンションによる多様なネットワークの形成過程の研究については，與倉（2014）を参照。
(119) 医療機器生産金額等の統計データは，既存の大手医療機器メーカーの業績に大きく影響を受けることから，これらの統計データはクラスター効果を測定する1つの参考指標に過ぎないことを留意しておく必要がある。
(120) MCF資料とは，メディカルクリエーションふくしま実行委員会事務局編「メ

116

図6-4 福島県の医療機器生産金額の推移

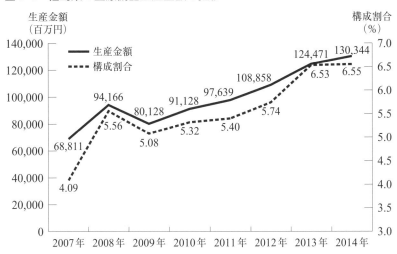

出所：厚生労働省『薬事工業生産動態統計』に基づいて筆者作成。

図6-5 福島県の医療機器受託生産金額の推移

出所：図6-4と同じ。

① 来場者数と出展者数の推移

第1回MCFが開催された2005年から2016年までの開催数は，12回に達している。図6-6は，MCF資料に基づいて，2010年（第6回委MCF）から2016年（第12回MCF）までの来場者数と出展者数（企業・団体）の推移を示したものである。なお，2011年（第7回MCF）は東日本大震災の発生に伴い展示会場である「パレットふくしま」も被災したが，関係者の努力によって急遽，展示会場を日本大学工学部郡山キャンパスに変更し開催を実現している。こうした努力の結果，2016年（第12回MCF）の来場者数は過去最高の5,000人以上を記録している。一方，出展者数も2014年（第10回MCF）に微減したものの，その後は増加傾向にあり，MCFは地方都市で開催される医療機器展としては国内最大規模に発展している。

② 出展者アンケートの結果

MCF事務局では，来場者だけでなく出展者を対象にしたアンケート調査を実施している。出展者の効果に関する項目については「製品等の提携先開拓」，「自社のPR」，「情報の収集」，「出展者間の交流」および「社員教育」が設定されている。2010年（第6回MCF）と2011年（第7回MCF）の比較では全ての項目の値が上昇しているが，特に注目したい項目は「情報の収集」と「出展者相互の交流」である（図6-7参照）。なぜならば，これらの項目の値の変化は，テンポラリークラスターにおけるバズの状態と関連しているからである。つまり，情報の収集および出展者相互の交流はバズの状態を意味しており，これらの項目の値が上昇しているということはMCFにおいてバズの状態が活性化していることを示唆している。

ところで，このバズの発生がテンポラリークラスターの規模と関係していると仮定するならば，来場者数と出展者数はバズを"測定"する指標となるので

ディカルクリエーション開催概要」および「同開催報告」である。筆者は過去4回に亘りMCFに参加し同資料を入手し，また，不足情報については，同事務局ホームページ http://fmdipa.jp/mcf/past.html（2017年4月1日閲覧）を参考にしている。

図6-6　MCFの来場者数と出展者数の推移（2010年〜2012年）

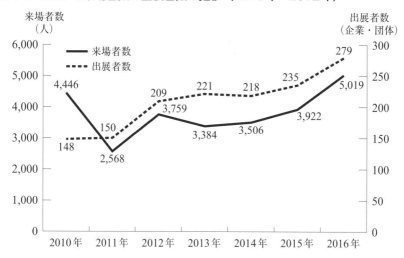

出所：MCF資料に基づいて筆者作成。

はないだろうか。そこで，MCFと国内の医療機器展としては最大規模を誇る
MEDTEC[121]およびMEDIX[122]の来場者数と出展者数を比較してみたのが表
6-2である。この表の密度（density）とは「1出展者当たりの来場者数の平均」
を意味しているが，表からわかるように，MCFの密度は他の大規模な医療機
器展に比べ低い数値に留まっている。換言すると，MCFの場合，出展者の
ブースを訪れる来場者数は，大規模な展示会に比べ相対的に少ないことを意味
している。しかしながら，図6-7に示したように，MCFの出展者は情報収集
や出展者相互の交流についてはプラス評価の傾向が窺える。これに関連して，

（121）2009年から東京ビックサイトで開催されている医療機器の製造・設計に関する
　　アジア最大の展示会である。第8回開催報告については，http://www.medtecjapan.
　　com/sites/default/files/開催結果リリース60427-2.pdf（2017年4月5日閲覧）を参照。
（122）2009年から東京ビックサイトで開始されている医療機器の開発・製造展であ
　　る。毎年「日本ものづくりワールド」の一環として開催されている。第8回開催報告
　　については，http://www.medix-tokyo.jp/about/Previous-Show-Report/（2017年4月5
　　日閲覧）を参照。

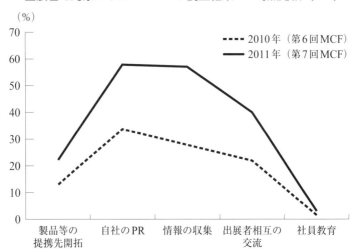

図6-7　出展者を対象にしたアンケート調査結果の2時点比較（MA）

出所：図6-6と同じ。

福島県産業創出課の石橋毅氏（2006年当時）は次のように述べている。「展示会の主目的は，来場者とのマッチング・技術交流であるが，実はもう1つ大切な隠された目的がある。展示会の終了後に開催する出展企業間，地域クラスター間の情報交換，技術交流である」[(123)]。

　確かに表6-2が示すように，大規模な医療機器展では非常に多くの出展者と来場者の間で有用無用の情報が飛び交うことになり，海外からの出展者や来場者も少なくないためグローバルバズも発生する。しかし，同時に大規模な展示会では出展者は，多種多様な来場者への対応に忙殺されることになる。展示会出展の本来の目的が自社製品の紹介や商談だけでなく，自社製品の優位性・劣位性の調査や将来に向けた製品開発および販売戦略のヒントを得ることにあるとするならば，（皮肉にも）MCFは密度が低い分，出展者は余裕を持って相互の交流が可能になっているのである。つまり，テンポラリークラスターの機能

(123) このコメントについては，石橋（2015）pp.84-85を参照。

から見た場合，「展示会の密度が高いことが出展者の知識創造にプラスに作用する」と単純には言い切れないのである。

表6-2　MCFと主要医療機器展との比較

展示会名	開催場所	来場者数[a]	出展者数[b]	開催日数[c]	密度 (a/b/c)
MEDTEC	東京	34,018	504	3	22.5
MEDIX	東京	87,285	2,318	3	12.6
MCF	郡山	5,019	279	2	9.0

出所：第8回MDETEC，第8回MEDIXおよび第12回MCF開催報告に基づいて筆者作成。

図6-8　東北地域内と東北地域外の出展者比率の推移（2010年～2016年）

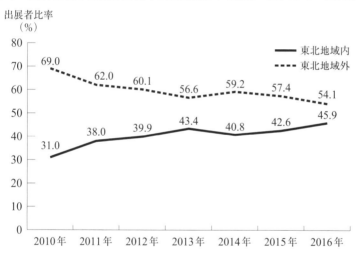

出所：図6-6と同じ。

③ 出展者の地理的範囲の拡大

　MCFは，福島県郡山市で開催されるため，出展者は福島県を含む東北地域の企業および団体が多い傾向にあるが，2010年（第6回MCF）以降のデータに基づいて，福島県を含む東北地域内からの出展者と東北地域外からの出展者の比率を比較してみると徐々に東北地域外からの出展者の比率が上昇する傾向

を見て取ることができる（図6-8参照）。つまり，MCFは東北の地方都市で開催される医療機器展であるにも関わらず，その出展者は東北地域外にも広がってきており，出展者の地理的範囲が拡大している傾向を窺い知ることができる。換言すると，この傾向はテンポラリークラスターとしてのMCFにおける知識ネットワークの地理的拡大を意味している。

④ 海外からの出展者数の推移

出展者の地理的範囲の拡大については，2010年（第6回MCF）以降，韓国からの出展を皮切りに，海外からの出展者も増加する傾向を見せている（図6-9参照）。2012年（第8回MCF）からは韓国に加え，ドイツからも出展があり，2015年（第11回MCF）以降ではドイツが最も多くなっている。また，2014年（第10回）以降は台湾およびシンガポールからの出展もあり，MCFはアジア地域との関係も深めつつある。一方，韓国およびドイツで開催されている医療機器展には，福島県の企業および団体も出展しており，これらの国々とは相互的な国際交流が展開されている。これはMCFというテンポラリークラスターによって，福島県が，韓国およびドイツとの間にグローバルパイプラインを形成していることを意味している。

既述したように，韓国との関係については，「テクノポリス圏域および近隣産業集積地の中小企業群」と「江原道原州地域の医療機器産業クラスター」の両地域の企業連携および交流事業が展開されているが，さらにドイツとの関係においても，福島県とドイツNRW（ノルトライン・ヴェストファーレン）州との交流事業が活発化している。これらの結果から，MCFにおけるバズは，グローバルパイプラインを通じてローカルバズからグローバルバズに拡大しているものと推察される[124]。

---

(124) 韓国江原道原州市との医療機器産業クラスターを巡る交流事業に関する詳細な分析については，北嶋（2014）を参照。また，医療機器を含むドイツのクラスターについては，国際貿易投資研究所（2016）を参照。

図6-9　海外からの出展者数の推移（2010年～2016年）

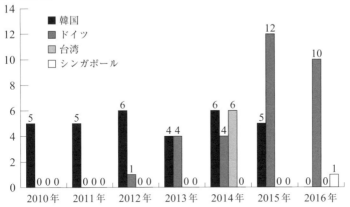

出所：図6-6と同じ。

⑤ ドイツNRW州との関係深化

　2013年（第9回MCF）以降，ドイツの医療機器市場および医療機器産業ク
ラスターに関するセミナーが積極的に行われていることから，福島県とドイツ
NRW州との関係深化を窺い知ることができる。同州は，機械・化学・金属な
どの基礎産業から情報通信・ナノテク・医療などの先端産業まで全ての産業を
網羅している。また，同州に集積している企業の多くは中堅・中小企業であ
り，その中には所謂「隠れたチャンピオン企業（hidden Champions）」が少な
くない[125]。こうした背景から，同州の産業クラスター政策の特徴としては，
その支援対象が中堅・中小企業（Mittelstand）に重点が置かれていることを指
摘することができる[126]。

---

[125]　隠れたチャンピオン企業（hidden Champions）の分析については，Simon
　　（2009）を参照。
[126]　NRW州の概要とクラスター支援の特徴については，国際貿易投資研究所（2016）
　　pp.48-62を参照。なお，同州のヘルスケア産業クラスターの成長要因に関する分析に
　　ついては，Hibert，Nordhause-Janz and Rehfeld他（2004）pp.234-258を参照。

ここで，福島県とNRW州の関係を整理すると次のようになる。2014年9月に福島県は県内企業の優れた技術の海外展開を通じて，医療機器産業の振興を図る目的から，NRW州との連携強化として，①がん治療，遠隔医療，相互の企業が有する特徴的な技術，ロボット技術の4分野における機器開発，②お互いが開催する展示会への相互出展等の連携，③連携を具体化するためのコーディネーターの設置，以上に関する覚書を締結している。この覚書の締結に則り，2014年10月には，NRW州から福島県に3社の企業が招聘されビジネスマッチング事業として，①医療機器展示会「メディカルクリエーションふくしま2014」への参加，②福島県内企業等との相談および工場見学，③福島県副知事への表敬訪問，以上が実施されている。2014年11月には，毎年NRW州デュッセルドルフで開催されている世界最大の医療機器展示会MEDICA2014および併設技術・部品展COMPAMED2014に福島県企業が出展，特にCOMPAMED2014には，初めて福島県オリジナルブースを出展し，来場者とのビジネスマッチングを行い，併せてNRW州経済省との共同セミナーの開催や同州の医療関連企業の訪問等が行われている。2015年11月には，郡山市内で開催された「メディカルクリエーションふくしま2015」に合わせて，NRW州から8社の企業およびコーディネーターを招聘し，ビジネスマッチング事業が行われている[127]。

　こうした福島県とNRW州の連携強化事業は，福島県内で活動している中小企業の事業展開に対してもプラスの効果を発揮し始めている。例えば，福島県飯舘村に主力工場を置く機械メーカー㈱菊池製作所（本社：東京都八王子市）[128]は，2016年7月にドイツの医療機器開発ベンチャー企業SNAP社（Sen-

---

（127）以上の経緯については，福島県「うつくしま次世代医療産業集積プロジェクト」http://fuku-semi.jp/iryou-pj/（2017年4月17日閲覧）およびMCF資料を参照。

（128）㈱菊池製作所は，資本金13億300万円，金属およびプラスチック製品の試作並びに量産設計・製作・販売，各種金型設計・製作・販売，工作機械の設計，製作，販売等を手掛けているが，ロボット開発にも注力しており，グループ企業には㈱イノフィス（本社：東京都新宿区）を持ち，マッスルスーツ®の共同開発・製造を行っている。http://www.kikuchiseisakusho.co.jp/（2017年4月17日閲覧）。

sor Basierte Neuronal Adaptive Prothtik GmbH）と合弁会社を設立する契約を締結し，㈱菊池製作所の子会社が開発を進めている歩行支援ロボットスーツの欧州での普及に乗り出している[129]。また，エコー電気㈱（本社：福島県伊達郡，主力工場：白河市）[130]は，2016年10月にドライアイ診断で使用される自社開発の医療機器「ストリップメニスコメトリチューブ」に関する販売代理店契約をドイツの機器製造エアメッド・プラス社と締結，日本から輸出しエアメッド・プラス社（AirMed PLUS GmbH）が欧米の医療機関に売り込むことで合意している[131]。つまり，MCFは福島県とドイツNRW州の間にグローバルパイプラインを構築する契機となり，さらに日本とドイツでの医療機器展への相互出展（ダブル・テンポラリークラスター）によって各々の医療機器産業集積内の中小企業が国際的な企業間ネットワークを形成することに貢献しているのである。

(3) MCFのテンポラリークラスター機能

① MCFによるバズの発生と拡大

　Storper and Venables（2004）によれば，バズとは同じ産業や地域に属する人々たちの間で伝搬される有用・無用の情報と定義されるが，MCFは，一時的にせよ地域外からの来場者および出展者との対面的コミュニケーションによって福島県の企業に刺激を与えている。さらに，出展者の地理的拡大は海外にも及び，韓国からの出展を皮切りに，海外からの出展者が多様化する傾向を示している（図6-9参照）。このことから，テンポラリークラスターとしてのMCFにおけるバズは，ローカルバズからグローバルバズへとその範囲を拡大することで，より多様な情報と知識をMCFの来場者だけでなく，出展企業・

---

(129) この合弁会社設立については，『河北新報』2016年7月23日掲載記事を参照。

(130) エコー電気㈱は，資本金2,650万円，テープ製品の加工製造，省力化設備の設計・製作，医療機器製品の加工製造・販売基板外観検査機の開発・設計・製作を手掛ける中小企業である。http://www.echo-mf.jp/（2017年4月17日閲覧）。

(131) この販売代理店契約については，『河北新報』2016年10月27日掲載記事を参照。なお，ドイツ企業2社はいずれも2014年（第10回MCF）に出展した企業である。

団体および主催機関に提供しているものと推察される。一方，Maskell他（2006）によれば，テンポラリークラスターでは，一時的ではあるがグローバルな対面的コミュニケーションが可能となり，テンポラリーなハブ（hubs）としての機能はアクターにおける知識の創造（creation）と普及（dissemination）のプロセスに刺激を与え，競合しているイノベーションの軌道（trajectories）を調査し，自社と他社の製品を比較し，将来の投資戦略における経営者の意思決定を支援するだけでなく，「新しい知識のたまり場（new knowledge pools）」や新しい市場へのアクセスを可能にするとされる。つまり，MCFは単に自社製品の宣伝と商談による販路拡大だけを目的として開催されているものではなく，参加しているアクターにとって将来役立つと考えられる「グローバルな知識ネットワーク」に繋がる場としての機能を果たしている。換言すると，こうした「グローバルな知識ネットワーク」への繋がりは，テンポラリークラスターにグローバルパイプラインための土台（base）が準備されていることを示唆している。

② 知識創造の類型化から見たMCFの位置づけ

　Maskell他（2006）の知識創造のフォーカスと時間的範囲による組織形態の類型に従うならば，MCFというテンポラリークラスターは，知識創造の時間的範囲は一時的であるが，知識創造のフォーカスは福島県の医療機器産業クラスター政策の一環として，広範囲・普及・未来指向型であると推察される。

③ 知識ベース・アプローチから見たMCFの機能

　知識ベース・アプローチに基づいて，福島県の医療機器産業を捉えてみると以下のようになる。すなわち，福島県では既存の取引関係やサプライチェーンによる医療機器産業集積からさらに多様なアクターで構成される次世代型医療機器産業クラスター（これには介護機器，福祉機器および健康機器も含まれる）を指向しており，重視される知識ベースは統合的な知識ベースから分析的な知識ベースにウェイトを置くことになるため，MCFは，そうした分析的な

知識創造に必要とされる外在的知識（external knowledge）をグローバルパイプラインやグローバルバズによって補完しているものと推察される。図6-9に示されたドイツNRW州との関係深化はその証左である。換言すると，MCFは，福島県の医療機器産業が「統合的知識ベース型産業」から「分析的知識ベース型産業」に移行するために必要な知識を補完する機能を果たしている。

④ 知識創造，知識ベースから見たMCFの機能

　MCFは，知識創造のフォーカスが未来指向型で時間的範囲は一時的であるといった特徴と持っているが，このテンポラリークラスターは同じく知識創造のフォーカスが未来指向型であるパーマネントクラスターと密接に関係している。なぜならば，MCFは，福島県の医療機器産業クラスター形成事業の一環として開催されており，このテンポラリークラスターによるバズ（ローカルバズおよびグローバルバズ）はクラスターの成長に影響を与えるからである。

　そこで，知識ベース・アプローチとこの知識創造における組織形態との関係について表6-3に基づいて検討してみると，第Ⅲ象限，すなわち，パーマネントクラスターでは，産学官連携活動による新製品開発および新事業展開が積極的に行われていることから，この領域で重要とされる知識ベースは分析的な知識ベースであると考えられる。

表6-3　知識創造のフォーカスと時間的範囲による組織形態

		知識創造の時間的範囲	
		準永続的 (Quasi-permanent)	一時的 (Temporary)
知識創造の フォーカス	強力 (目的指向型)	永続性のある企業間 ネットワーク （産業集積，サプライチェーン） 【第Ⅱ象限】	企業間プロジェクト （共同研究開発，企業間連携） 【第Ⅰ象限】
	広範囲・普及 (未来指向型)	クラスター （パーマネントクラスター） 【第Ⅲ象限】	産業見本市，コンベンション， 専門家会議 （テンポラリークラスター） 【第Ⅳ象限】

出所：Maskell, Bathelt and Malmberg（2006）p.12より訳出し加筆作成。

これに対して，第Ⅱ象限，すなわち，永続性のある企業間ネットワークとは，既存産業におけるサプライチェーンネットワークを意味しており，この領域で重視される知識ベースは統合的な知識ベースであると考えられる。

　さらに，知識創造と知識ベースの類型から「テンポラリークラスターは中長期的な時間軸の中ではどのような機能を持っているのか」という問題について，MCFの分析結果に基づいて仮説的概念図を作成してみると図6-10のようになる。この図では表6-3に示した4つの組織形態をそれぞれ符号化し，第Ⅰ象限の一時的な企業間プロジェクトをA，第Ⅱ象限の永続性のある企業間ネットワークをB，第Ⅲ象限の永続性のあるクラスター（パーマネントクラスター）をC，第Ⅳ象限の一時的な産業見本市（テンポラリークラスター）をDとしている。また，時間軸としては，現段階（T_1），中期的段階（T_2），長期的段階（T_3）の3段階を設定し，各段階においてテンポラリークラスターの影響について描出している。では，この図を用いて知識創造と知識ベースの類型という視点からMCF（D：テンポラリークラスター）の機能について説明してみよう。

　T_1において，MCF（D）は企業および製品に関する情報収集や出展者相互の交流，海外からの出展者および各種セミナーの開催などによって，一時的な企業間プロジェクト（A），永続性のある企業間ネットワーク（B）および永続性のある医療機器産業クラスター（C）に対して，ローカルバズおよびグローバルバズの発生という形で影響を与えるものと考えられるが，MCF（D）は，T_2すなわち中期的にも他の組織形態（AからC）に影響を与える。例えば，既述したように，福島県とNRW州の連携強化によって福島県内および県内に工場を有する企業2社がドイツ企業と合弁会社の設立や代理店契約の締結に至っているが，その端緒は2年前に開催されたMCF（D）まで遡るからである。つまり，MCF（D）は中期的にも他の組織形態に影響を与えているのである。さらにMCF（D）は，福島県医療機器産業クラスター（C）に対して継続的に影響を与えるものと考えられる（T_3）。なぜならば，2016年時点においてMCF（D）の開催数は12回に達しているが，その間，MCF（D）は医療

図6-10　知識創造と知識ベースの類型から見たテンポラリークラスターの機能

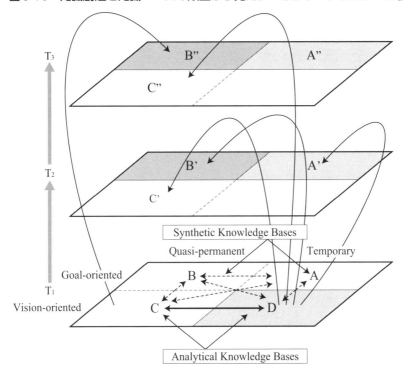

記号）A：統合的知識ベースにウェイトを置きながら一時的に発生する企業間プロジェクト
　　　B：統合的知識ベースにウェイトを置きながら永続的に発生する企業間ネットワーク
　　　C：分析的知識ベースにウェイトを置きながら永続的に発生するパーマネントクラスター
　　　D：分析的知識ベースにウェイトを置きながら一時的に発生するテンポラリークラスター
出所：Maskell, Bathelt and Malmberg（2006）およびAsheim and Gertler（2005）を参考に筆者作成。

機器分野への参入方法，海外の医療機器市場および医療機器産業クラスター，人材育成，先端技術関連，ふくしま医療機器開発支援センターなどに関する様々なセミナーを開催すると共に，韓国およびドイツの医療機器産業クラスターとグローバルパイプラインを構築しており，パーマネントクラスターである福島県医療機器産業クラスター（C）に対してMCF（D）は中長期的（T_2

およびT$_3$）に影響を与え続けているからである。

　ところで，MCF（D）は分析的知識ベース（analytical knowledge bases）にウェイト置く傾向があるため，MCF（D）は具体的には永続的な企業間ネットワーク（B）および一時的な企業間プロジェクト（A）の知識ベースの性質を変化させるものと考えられる。すなわち，MCF（D）の影響を受けることによって従来は統合的知識ベース（synthetic knowledge bases）にウェイトを置いていた福島県内の医療機器・器具における企業間ネットワーク（サプライチェーンネットワーク）および企業間プロジェクト（部品・製品開発など）が分析的知識ベースを重視する方向に変化するのである。なぜならば，MCF（D）では企業（firms）以外に多様なアクター（大学，病院，施設，公的支援機関等）が参加していることでローカルバズおよびグローバルバズを発生させているが，それは企業間ネットワークおよび企業間プロジェクトといった同質性（homogeneous）の集合体とは異なり，非常に異質性（heterogeneous）の高い集合体であるため新たな医療機器・器具，サービス，ビジネスモデルの創出に繋がるイノベーションを誘発する場となっているからである。

　さらに，福島県医療機器産業クラスター（C）では，具体的な製品開発に向けた産学官連携活動が積極的に展開されており，こうしたイノベーションを誘発する異質性の高い集合体という意味において，福島県医療機器産業クラスター（C）はMCF（D）との相互作用を繰り返すことによって長期的には企業間ネットワーク（B），すなわち，サプライチェーンネットワークに対しても変化をもたらすものと考えられる。

⑤ MCFの機能と地域資源

　これまで分析したように，MCF（テンポラリークラスター）は福島県の医療機器産業形成に対して医療機器産業クラスター（パーマネントクラスター）と共に寄与している。では，このような機能はどのような条件によって生み出されているのだろうか。以下ではこの点について検討してみたい。

　既に図6-4および図6-5で示したように福島県の医療機器産業は飛躍的な成

長を実現しているが，その要因としては，同県には元々，会津オリンパス㈱，白川オリンパス㈱，ジョンソン・エンド・ジョンソン㈱須賀川事務所，日本ベクトン・デッキントン㈱などの大手医療機器メーカーといった地域資源（regional resources）が存在していたことが挙げられる。加えて，同県には家電，半導体，自動車分野などの工場が立地していたことから高度な技術力を有する中小企業が多く，林精機製造㈱，東北リズム㈱などに代表されるように医療機器分野に新規参入し医療機器製造業許可を取得している中小企業も少なくない。さらに，医療機器産業クラスターを形成する上で重要となる企業以外のアクターについても同県の地域資源は豊富であり，例えば，日本大学工学部による医工連携への取り組みや福島県立医科大学による産学官共同研究拠点「ふくしま医療－産業リエゾン推進室」の設置など医療機器分野に特化した大学の知（knowledge）の存在を挙げることができる[132]。加えて，MCFを推進している「メディカルクリエーションふくしま実行委員会」の構成団体からも医療機器産業の成長に必要とされる地域資源の豊富さを窺い知ることができる[133]。

　Storper（1995; 1997）およびMaskell and Malmberg（1999a; 1999b）は，「地元化された能力（localized capability）」および「非取引的な相互依存関係（untraded interdependencies）」の重要性を指摘した上で，社会制度的環境，企業間コミュニケーションおよび地元化された学習（localized learning）の相互プロセスは，イノベーションとその成長に対して決定的な役割を果たすと主張している。つまり，MCF（テンポラリークラスター）が福島県の医療機器産業形成に対してプラスの機能を発揮している背景には，同県の医療機器産業に関連する豊富な地域資源の存在があり，それらは「地元化された能力」と「非取引的な相互依存関係」の概念と類似しており，こうしたMCF（テンポラ

---

(132) これら福島県のポテンシャリティについては，日本政策投資銀行東北支店（2012）を参照。

(133) 構成団体とは，（一財）ふくしま医療機器産業推進機構，福島県，（公財）福島県産業振興センター，（公財）郡山地域テクノポリス推進機構，（一社）福島県薬事工業協会，福島県医療機器販売業協会，福島県医療福祉機器産業協議会，（一社）福島県臨床工学技士会，（公大）福島県立以下大学，㈱東邦銀行，以上である。

リークラスター）と福島県の地域資源の連動性は大都市圏で開催される大規模な医療機器展（テンポラリークラスター）とは異なる特性であると考えられ，それは地方都市におけるテンポラリークラスターの可能性を示唆している。

　MCFがテンポラリークラスター機能を発揮しているもう一つの重要な要因としては，韓国およびドイツで開催される医療機器展への相互出展を指摘することができる。これらは韓国およびドイツからの企業および団体との相互の交流，視察，商談の場であり，お互いの信頼（trust）の醸成を促しているだけではなく，二重に発生するグローバルバズや双方向的なグローバルパイプラインの構築によって刺激的（stimulate）な知識創造と分析的な知識ベースの獲得に役立っている[134]。

　このように，テンポラリークラスターによるバズ（ローカルバズ，グローバルバズ）およびグローバルパイプラインの有効性がMCFの分析から確認されたが，一方で，Bathelt, Malmberg and Maskell（2004）は，これらの有効性に潜む「相殺する力と限界性（countervailing forces and limitations）」について言及している。すなわち，活気に満ちたクラスター（パーマネントクラスターおよびテンポラリークラスター）は，多くの場合，クラスター企業にとって重要な場所となり，目の肥えた地元のアクターは認知フィルター（cognitive filter）[135]を用いて外部の知識を評価し取り込むことが可能となるが，その結果，クラスター企業は自社にとって最適な市場を求めて外部（海外市場）に飛び出すことになるため，グローバルパイプラインの構築はクラスターそのものを空洞化させてしまうリスクを伴っている。但し，このリスクは一企業が管理できるグローバルパイプラインの上限によって回避されるとしている。

　しかし，福島県が産業政策の一環として韓国およびドイツとの間に構築しているグローバルパイプラインは，一企業によるものではない。そのため，グ

（134）ドイツの医療機器展とMCFの相互展示もダブル・テンポラリークラスターの機能を持っている。
（135）福島県の既存産業集積とMCFの開催は，認知フィルターの性能向上に寄与しているものと考えられる。

ローバルパイプラインによって福島県の医療機器産業自体が空洞化しないためには医療機器産業クラスターを推進している中核機関のガバナンスメカニズムが問われることになる。

(4) 既存産業集積と各クラスターの特徴

　医療機器産業における既存産業集積，パーマネントクラスターおよびテンポラリークラスターの特徴を整理すると表6-4のようになる。

　既存産業集積と比較した場合，パーマネントクラスターおよびテンポラリークラスターの知識ベースは分析的である点において既存産業集積とは異なっている。また，知識創造フォーカスについては，既存産業集積が目的指向型であるのに対して，パーマネントクラスターおよびテンポラリークラスターは未来指向型であり，その知識創造の時間的範囲については，既存産業集積とパーマネントクラスターが準永続的であるのに対して，テンポラリークラスターは一時的なものとなる。

　一方，イノベーションのタイプで比較した場合には，既存産業集積がプロセスイノベーション（process innovation）であるのに対して，パーマネントクラスターおよびテンポラリークラスターはプロダクトイノベーション（product innovation）であると考えられる。

　これに関連した見解については，宮嵜（2005）を挙げることができる。彼は，「クラスターに期待されるイノベーションは，プロダクトイノベーションであるとしながらも，ブレークスルーなプロダクトイノベーションだけを追い求めていたのであれば，クラスターの継続的発展はありえないことから，現場主義的な技術を結びつけ，インクリメンタルなイノベーションを随時実現していかなければならない」とし，そのためにはその地域の中小企業の要素技術をクラスターの内部に意図的に取り組むことの重要性を指摘している。しかしながら，この表が示す類型化はあくまでもウェイトの置き方を意味しており，実体として存在し活動している企業では，これらの知識創造，知識ベースおよびイノベーションのそれぞれの特徴（タイプ）は重層的に絡み合っているものと

考えられる[136]。

表6-4　医療機器産業における既存産業集積と各クラスターの特徴

	知識創造フォーカス	時間的範囲	知識ベース	イノベーションタイプ
既存産業集積 (existing industrial district)	目的指向型	準永続的	統合的	プロセスイノベーション
パーマネントクラスター (permanent cluster)	未来指向型	準永続的	分析的	プロダクトイノベーション
テンポラリークラスター (temporary cluster)	未来指向型	一時的	分析的	プロダクトイノベーション

補足：パーマネントクラスターとは，既存産業集積がクラスター化によりプロダクトイノベーションを発生させている状態を意味する。
出所：筆者作成。

　ところで，この表6-4では，既存産業集積とクラスターを並列的に比較しており，本研究の理論的枠組みであるIDTモデルと一見矛盾しているように捉えられるかも知れない。そこで，最後にその点について補足説明し本章の結びとする。本研究におけるパーマネントクラスターとは，IDTモデルにおけるクラスター政策およびその推進組織の機能が稼動している状態を意味しており，そこでは中小企業を含む多様なアクター間の相互作用が発生することになる。換言すると，本研究におけるパーマネントクラスターとは，産業クラスター政策の具体的な稼働状態を意味している（これについては第5章で詳細に分析している）。そして，テンポラリークラスターは，このパーマネントクラスターを補完する機能の一部であり，本章のMCFの事例で確認されたように国際的な医療機器展といったテンポラリークラスターは，グローバルパイプラインを通じて既存産業集積内の企業を含む多様なアクターが新たな知識を獲得し，自らの知識を広く普及させ，新たな知識を創造することを可能にする。さらに，本章で取り上げた郡山医療機器産業クラスターと原州医療機器産業クラスター

---

(136) こうした知識の区分に対する類似した問題提起については，松原（2007）p.40を参照。

間のグローバル・リンケージでは，ダブル・テンポラリークラスターの構築，展示会期間中のセミナーや国際交流イベントなどの開催および支援施設の相互視察といった多様な国際交流事業のメニューによって，グローバルパイプラインの束であるグローバル・リンケージをより太くし，2つの既存産業集積の多様なアクターに対して未来志向型の知識創造を促し，産業集積内に実体として存在している中小企業のイノベーションを促進させているのである。このように，IDTモデルとは，パーマネントクラスターおよびテンポラリークラスターの機能を活用して既存産業集積内の中小企業のイノベーション（中小企業の外部連携による"小さなクラスターの形成"；第5章参照）を促進し，中長期的には既存産業集積そのものを未来志向型の産業集積に変換させるシステムなのである。

第 **7** 章

クラスターの
広域化・国際化と
地域間イノベーション

7-1 クラスターの広域化・国際化と地理的近接性

(1) 東九州メディカルバレー構想の特徴

　日本のヘルスケア産業クラスター形成は，都道府県単位の推進組織によって事業運営が行われている傾向が顕著であるが，そうした中にあって，本章で取り上げる東九州メディカルバレー構想は，大分県から宮崎県に跨がる東九州地域をその地理的範囲としており，国内ではユニークな取り組みである。つまり，東九州メディカルバレー構想は，大分県と宮崎県の企業，大学および行政機関など多様なアクターによって構成されるヘルスケア産業クラスターの広域化・国際化の取り組みとみなすことができる。しかし，一方で，クラスターの地理的範囲の拡大は，アクター間のコミュニケーションが疎遠になるといった問題を発生させることになる。所謂，適度な地理的近接性を保持することができないといった問題である。では，クラスターの広域化・国際化を指向している東九州メディカルバレー構想では，そうした地理的近接性の問題にどう対処しているのだろうか。また，クラスターの広域化・国際化を指向している同構想では，大分県と宮崎県による地域間イノベーション（inter-regional innovation）は発生しているのだろうか。そこで，本章では，東九州メディカルバレー構想におけるクラスターの広域化・国際化について，地理的近接性と関係的近接性の視点から分析を行い，地域間イノベーションの状況について考察する。

(2) 戦略的分析概念とスキーム

　本章の戦略的分析概念である近接性は，複数の次元で構成されている。すなわち，地理的近接性，認知的近接性，組織的近接性，社会的近接性および制度的近接性，以上の5つである。これら近接性の5つの次元は，地理的近接性と関係的近接性に大別される。Capello and Faggian（2005）に基づいて，そのスキームを示すと図7-1のようになる。この図からわかるように，地理的近接

138

図7-1 イノベーションおよびクラスター形成における近接性の役割

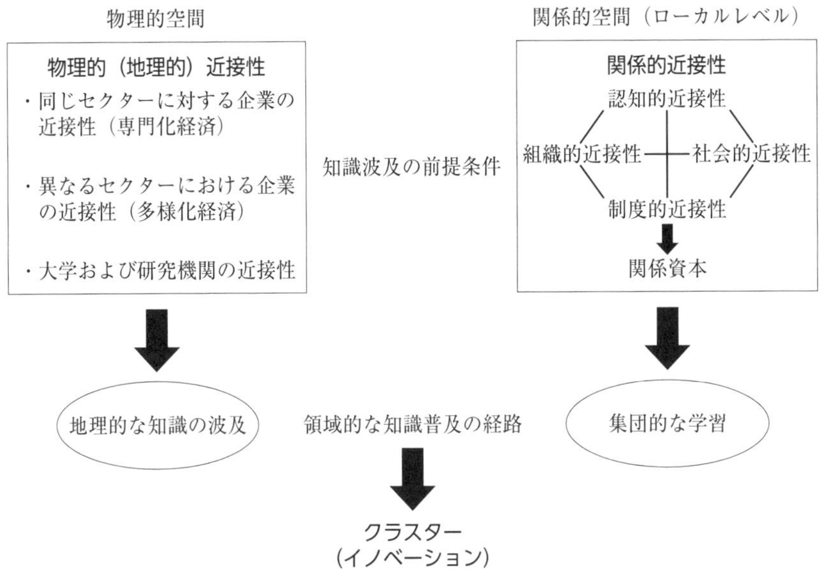

物理的空間 関係的空間（ローカルレベル）

```
物理的（地理的）近接性
・同じセクターに対する企業の
　近接性（専門化経済）

・異なるセクターにおける企業
　の近接性（多様化経済）

・大学および研究機関の近接性
```

知識波及の前提条件

```
関係的近接性
　　　認知的近接性

組織的近接性━━社会的近接性

　　　制度的近接性

　　　　関係資本
```

地理的な知識の波及

領域的な知識普及の経路

集団的な学習

クラスター
（イノベーション）

出所：Capello and Faggian（2005）より筆者訳出。

性は，同じセクターあるいは異なるセクターにおける企業の近接性や大学および研究機関に影響を与える。一方，認知的近接性，組織的近接性，社会的近接性および制度的近接性で構成される関係的近接性は，相互作用することで関係資本を生み出し，集団的な学習に影響を与える。最終的に，地理的近接性と関係的近接性は，領域的な知識普及の経路を作り出し，イノベーションやクラスター形成に影響を与えるのである。

7-2 東九州メディカルバレー構想の活動概要

本節では，東九州メディカルバレー構想の活動概要とその効果について整理

する⁽¹³⁷⁾。

(1) 構想策定とその後の経緯

　東九州メディカルバレー構想は，2010年10月に「東九州地域医療産業拠点構想（東九州メディカルバレー構想）」として策定・公表されたものである⁽¹³⁸⁾。大分県・宮崎県（2017）によれば，この構想策定の背景として，次の3点が挙げられている。第一に，大分県から宮崎県に広がる東九州地域には旭化成メディカルMT㈱，川澄化学工業㈱，東郷メディキット㈱を中心とする血液・血管関連の医療機器メーカーが多数立地し，これらのメーカーの多くの製品は世界一あるいは日本一のシェアを有し東九州地域は生産額や製品シェアにおいて血液・血管関連の医療機器産業の世界有数地域となっている，第二に，医療関連産業は景気変動の影響が比較的少ない安定した産業であり，特に当該地域に集積する血液・血管関連の医療は，幅広い医療分野を支える基礎的な治療方法へと進化し，今後，さらに発展する可能性を秘めた医療分野である，第三に，政府は「新成長戦略」において，高い成長と雇用創出が見込まれる医療・介護・健康関連産業を日本の成長牽引産業として明確に位置づけ，ライフイノベーション（医療・介護分野革新）を戦略分野と定めている，以上である。

　ここで，2009年6月の構想の提唱から2016年4月までの経緯を簡単に整理すると以下のようになる。2010年10月の同構想が策定・公表された翌年の2011年には，大分県と宮崎県両県において相次いで医療機器産業に関する研究会が設立されている。さらに，同年12月には「東九州メディカルバレー構想特区」として地域活性化総合特別区域に指定されている。なお，日本政策投

---

(137) 既存資料およびホームページ以外の情報源には，筆者が東九州メディカルバレー構想および会員企業を対象に実施した過去のインタビュー調査も含まれている。その内容については，機械振興協会経済研究所（2014）および北嶋（2015），（2017a）を参照。

(138) 詳細については，大分県・宮崎県（2010）を参照。

資銀行（2012）によれば，同構想は，旧旭化成クラレメディカル㈱[139] の社長
が，医療機器をテーマとして地域活性化を検討したいといった考えを行政サイ
ドに提案したことが端緒とされ，その結果，行政サイドが主導する取り組みで
はなく，大手企業の要請および要望に対して行政が応える形で構想の策定が行
われたとされる[140]。

(2) 構想の主要参画機関

　東九州メディカルバレー構想の主要参画機関は，企業，大学および行政に
よって構成される産学官連携となっている。企業からは，旭化成メディカル
㈱，川澄化学工業㈱，メディキット㈱，大学からは，国立大学法人大分大学，
国立大学法人宮崎大学，学校法人立命館 立命館アジア太平洋大学および学校
法人順正学園九州保健福祉大学，行政機関からは，大分県および宮崎県が参画
している（図7-2参照）。

(3) 構想の目標とアジアに貢献する4つの拠点づくり

　上記の主要参画機関による東九州メディカルバレー構想の目標は，東九州地
域において，血液や血管に関する医療を中心に産学官が連携を深め，医療機器
産業の一層の集積と地域経済への波及，さらには，この産業集積を活かした地
域活性化と医療の分野でアジアに貢献する地域を指向している。また，アジア
に貢献する拠点づくりについては，第一に，研究開発の拠点づくり，第二に，
医療技術人材育成の拠点づくり，第三に，血液・血管に関する医療拠点づく

---

(139) 旭化成クラレメディカル㈱は旭化成メディカル㈱と統合され2012年4月より旭
　　化成メディカル㈱となっている。詳細については，旭化成メディカルホームページ・
　　プレスリリース記事を参照。https://www.asahi-kasei.co.jp/asahi/jp/news/2011/
　　ze111221.html（2017年5月8日閲覧）
(140) この経緯については，日本政策投資銀行（2012）pp.29-30を参照。なお，この
　　ように同構想は官主導型ではなく，大手企業主導型で広域クラスター形成を指向して
　　いる点に大きな特徴があると言えるが，この特徴は本章のテーマである広域クラス
　　ターと近接性の関係を考察する上で極めて重要である。

図7-2 東九州メディカルバレー構想の主要参画機関 (企業および大学)

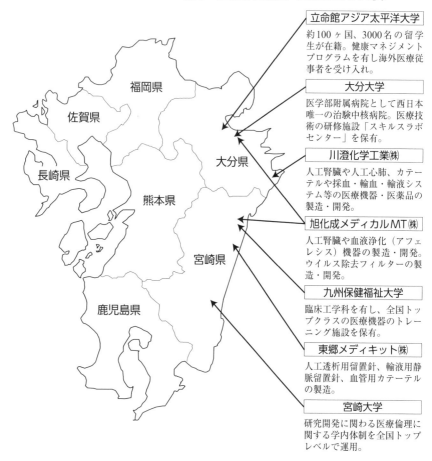

立命館アジア太平洋大学
約100ヶ国、3000名の留学生が在籍。健康マネジメントプログラムを有し海外医療従事者を受け入れ。

大分大学
医学部附属病院として西日本唯一の治験中核病院。医療技術の研修施設「スキルスラボセンター」を保有。

川澄化学工業㈱
人工腎臓や人工心肺、カテーテルや採血・輸血・輸液システム等の医療機器・医薬品の製造・開発。

旭化成メディカルMT㈱
人工腎臓や血液浄化 (アフェレシス) 機器の製造・開発。ウイルス除去フィルターの製造・開発。

九州保健福祉大学
臨床工学科を有し、全国トップクラスの医療機器のトレーニング施設を保有。

東郷メディキット㈱
人工透析用留置針、輸液用静脈留置針、血管用カテーテルの製造。

宮崎大学
研究開発に関わる医療倫理に関する学内体制を全国トップレベルで運用。

出所:「東九州メディカルバレー構想」を参考に筆者作成。
http://www.pref.miyazaki.lg.jp/contents/org/shoko/kogyo/medical_valley/valleydesign/index.html (2017年4月1日閲覧)。

り,第四に,医療機器産業の拠点づくり,以上の4つが掲げられている[141]。

---

(141) 詳細については,大分県・宮崎県 (2017) を参照。

図7-3　東九州メディカルバレー構想推進会議の構成

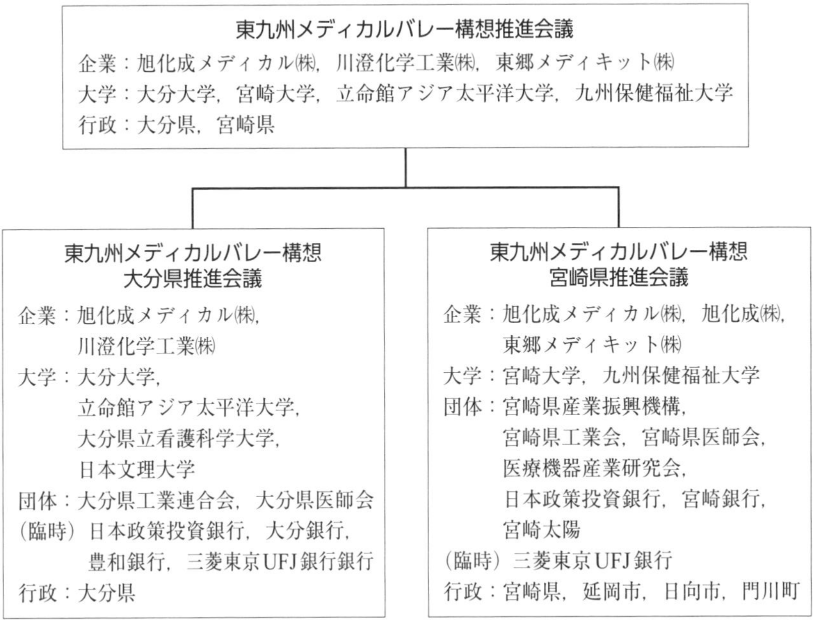

```
┌────────────────────────────────────────────────────┐
│　　　　東九州メディカルバレー構想推進会議　　　　　　│
│　企業：旭化成メディカル㈱，川澄化学工業㈱，東郷メディキット㈱│
│　大学：大分大学，宮崎大学，立命館アジア太平洋大学，九州保健福祉大学│
│　行政：大分県，宮崎県　　　　　　　　　　　　　　　　　│
└────────────────────────────────────────────────────┘
```

┌──────────────────────────┐　　┌──────────────────────────┐
│　東九州メディカルバレー構想　│　　│　　東九州メディカルバレー構想　│
│　　　大分県推進会議　　　　　│　　│　　　宮崎県推進会議　　　　　　│
│企業：旭化成メディカル㈱，　　│　　│企業：旭化成メディカル㈱，旭化成㈱，│
│　　　川澄化学工業㈱　　　　　│　　│　　　東郷メディキット㈱　　　　│
│大学：大分大学，　　　　　　　│　　│大学：宮崎大学，九州保健福祉大学│
│　　　立命館アジア太平洋大学，│　　│団体：宮崎県産業振興機構，　　　│
│　　　大分県立看護科学大学，　│　　│　　　宮崎県工業会，宮崎県医師会，│
│　　　日本文理大学　　　　　　│　　│　　　医療機器産業研究会，　　　│
│団体：大分県工業連合会，大分県医師会│　　│　　　日本政策投資銀行，宮崎銀行，│
│（臨時）日本政策投資銀行，大分銀行，│　　│　　　宮崎太陽　　　　　　　　　│
│　　　豊和銀行，三菱東京UFJ銀行銀行│　　│（臨時）三菱東京UFJ銀行　　　　│
│行政：大分県　　　　　　　　　│　　│行政：宮崎県，延岡市，日向市，門川町│
└──────────────────────────┘　　└──────────────────────────┘

出所：大分県・宮崎県（2017）より筆者作成。

（4）構想の推進体制

　大分県と宮崎県に跨がる同構想では，地域間連携を図るため定期的に推進会議が開催されている。ここで，同構想の推進体制を示すと図7-3のようになる。このように，大分県と宮崎県各々に推進会議が設定されており，両者を統合推進する機能として東九州メディカルバレー構想推進会議が設立されている。この推進体制の特徴については，第一に，企業，大学および行政の産学官連携構造が全体の推進会議の中核に位置づけられていること，第二に，両県の推進会議には多様な団体が参画していること，第三に，旭化成メディカル㈱は，全体の推進会議だけでなく，大分県と宮崎県の両方の推進会議の主要メンバーになっていること，第四に，宮崎県推進会議には，県に加えて市や町も参画していること，以上の4点を指摘することができる。

(5) クラスター企業群の拡大

　東九州メディカルバレー構想の策定後，2011年8月には大分県医療機器産業新規参入研究会，同年10月には宮崎県医療機器産業研究会が設立されている。設立当初の会員企業数については，大分県医療機器産業新規参入研究会が40社，宮崎県医療機器産業研究会が32社であったが，2017年には大分県医療機器産業新規参入研究会の会員企業数は122社に拡大，宮崎県医療機器産業研究会も79社まで拡大しており，東九州メディカルバレー構想全体の会員企業数は201社に達している。

　大分県医療機器参入新規参入研究会は，2016年度に「大分県ロボットスーツ関連産業推進協議会」（2014年3月設立）と統合され，「大分県医療ロボット・機器産業協議会」となっている。同会員企業数は2017年1月時点，宮崎県医療機器産業研究会の会員企業数は2017年3月時点のものである。なお，各支援機関数は大分県医療ロボット・機器産業協議会が19団体，宮崎県医療機器産業研究会が18団体となっている。

　つまり，こうした同構想の会員企業数の拡大は，各々のクラスター企業群の拡大とみなすことができるが，換言すると，東九州メディカルバレー構想は，既存の産業集積を基盤にした医療機器関連産業における非クラスター企業群のクラスター企業群化の試みであり，各研究会や推進協議会は，第5章で分析したように，本研究の理論的枠組みであるIDTモデルにおけるクラスター促進者の機能を意味している[142]。

(6) 会員企業の立地と業種領域

　大分県医療ロボット・機器産業協議会の会員企業等は，東九州メディカルバレー構想の"サブクラスター企業群"とみなすことができる。表7-1は，会員の所在地を示したものである。この表から明らかなように，会員企業の立地状

---

[142] 非クラスター企業群のクラスター企業群化によるクラスターライフサイクルモデルについては，北嶋（2017a）を参照。また，クラスター促進機能については，Ingstrup and Damgaard（2011）を参照。

況については，全体の約4割が大分市に集中しているものの，6割近くの企業は各市町に分散立地しており，医療機器関連企業および当該分野への参入を希望している企業が県内各地に存在していることが窺える。また，大分県医療ロボット・機器産業協議会に医療系以外の大学や多くの支援機関団体が参画している点は，同協議会の特徴と言える。

表7-1　大分県医療ロボット・機器産業協議会の会員の所在地

会員企業の所在地	会員企業数
大分市	50
中津市	5
日田市	4
佐伯市	4
臼杵市	3
津久見市	2
竹田市	2
豊後高田市	7
杵築市	6
宇佐市	5
由布市	3
国東市	8
日出市	5
玖珠町	1
豊後大野市	5
九重市	2
その他	2

補足：会員企業数は122社，支援機関数は16機関。表中の「その他2社」は，宮崎県日向市および福岡県北九州市の企業。所在地リストに掲載されている企業数は，114社である。
出所：大分県医療ロボット・機器産業協議会ホームページ
http://medical-valley.jp/member/（2017年5月11日閲覧）。

　一方，宮崎県医療機器産業研究会について，同研究会名簿に基づいて，会員企業の業種領域別構成を割り出してみると表7-2のようになる。同研究会も東九州メディカルバレー構想の"サブクラスター企業群"と位置づけることができる。この表から明らかなように，同研究会の会員の内訳を見てみると，医療

福祉系企業の比率は会員全体（支援機関を除く）の25％に留まっているのに対して，製缶・板金・溶接・プレス加工を始めとするモノづくり系企業の比率は40％と高くなっている。つまり，この結果から，東九州メディカルバレー構想の中の"サブクラスター"である宮崎県の産業集積では，当該地域における非クラスター企業群をクラスター企業群にシフトさせ，既存産業集積をヘルスケア関連産業集積に転換させるといった本研究のIDTモデルに合致した取り組みとみなすことができる。

表7-2　宮崎県医療機器産業研究会会員の業種領域別構成

業種領域	企業数	小計構成比（％）
医療機器製造業	5	
医療機器販売業	5	
医薬品製造業	1	
医療機器メーカー	5	医療介護系企業：20（25.3）
介護・福祉機器	3	
医療機関	1	
設備関係	4	
製缶・板金・溶接・プレス加工	4	
切削・機械加工	5	
樹脂成形・ゴム加工	6	モノづくり系企業：32（40.5）
電気・電子部品	6	
表面処理	3	
金型	4	
IT関連	5	
その他	22	
小計	79	
支援機関	18	
合計	97	

補足：支援機関には大学，銀行，工業会，法律事務所，市など多様な機関が含まれている。
出所：「宮崎県医療機器産業研究会会員企業名簿」（2017年4月）より筆者作成。

(7) 推進会議およびセミナー等の開催

　構想の策定以降，大分県と宮崎県の両県では各県の推進協議会が中心となっ

て，推進会議，講演会，セミナーなどが開催されている。特に大分県では，構想推進大会が毎年開催されている（表7-3参照）。また，両県は東九州メディカルバレー構想の一環として，両県の企業が各々開発した製品および試作品を「MEDTEC Japan」[143]や「HOSPEX Japan」[144]にも積極的に出展し販路拡大を行っている[145]。

表7-3　東九州メディカルバレー構想の推進会議およびセミナーの開催状況

開催時期	開催テーマ
2010年11月 3日	宮崎県：東九州地域医療産業拠点構想推進大会
2010年11月 6日	大分県：東九州地域医療産業拠点構想推進大会
2012年 2月17日	大分県：東九州メディカルバレー構想推進大会
2012年12月27日	東九州メディカルバレー構想フォーラム
2013年 2月13日	大分県：東九州メディカルバレー構想推進大会
2014年 1月24日	大分県：東九州メディカルバレー構想推進大会
2015年 2月23日	大分県：東九州メディカルバレー構想推進大会
2015年 7月 8日	大分県：大分県ロボットスーツ関連産業推進協議会総会およびロボット関連産業振興セミナー
2015年 9月 4日	宮崎県：東九州メディカルバレー構想5周年記念大会
2016年 1月13日	宮崎県：東九州メディカルバレー特別セミナー＆技術展示会
2016年 2月10日	大分県：東九州メディカルバレー構想推進大会
2016年 3月 5日	宮崎大学医学部耳鼻咽喉科・頭頸部外科：耳の日市民講座（講演会・相談会）
2017年 2月10日	東九州メディカルバレー構想特別セミナー

出所：東九州メディカルバレー構想関連ホームページ
http://www.pref.miyazaki.lg.jp/contents/org/shoko/kogyo/medical_valley/valleydesig
（2017年5月15日閲覧）より筆者作成。

（8）日本式医療システムのASEAN展開

同構想のアジアに貢献する拠点づくりでは，東九州メディカルバレー構想に

（143）日本で開催されるアジア最大の医療機器展である。
（144）日本で開催される「病院・福祉設備機器展」，「病院・福祉給食展」，「医療・福祉機器開発テクノロジー展」の3つの展示会で構成される専門展示会である。
（145）医療機器や介護福祉機器等の関連する各種展示会への出展状況については，同構想関連ホームページhttp://www.pref.miyazaki.lg.jp/contents/org/shoko/kogyo/medical_valley/（2017年5月15日閲覧）を参照。

参画している大学によるASEAN地域への日本式医療システムの普及活動が活発化している。例えば、東九州メディカルバレー構想に参画している大分大学（大分県由布市）では、独立行政法人国際協力機構（JICA）の「2014年第1回開発途上国の社会・経済開発のための民間技術普及促進事業」として、国際協力機構（JICA）およびオリンパス㈱と共同で、日本の優れた医療技術並びに医療機器のアジアへの普及を目指し、タイの医師に対して、内視鏡外科手術の指導が2015年度から2年間にわたって実施されている。また、タイ王国ラチャウィティ病院と学術交流協定を締結し、同大学とラチャウィティ病院の臨床・学術・教育・文化の発展を目指した相互交流を目的に、臨床的な研修活動や共同研究活動、研究者・医療スタッフの交流などが行われている。さらに、2016年2月には、JETRO（日本貿易振興機構）による「海外有識者招へい事業（タイ王国・透析分野）」の一環として、タイの腎臓専門医を始めとする産学官関係者10名が同大学医学部附属病院の視察のため訪日している[146]。

　同様に、東九州メディカルバレー構想に参画している九州保健福祉大学（宮崎県延岡市）は、日本の優れた医療技術および機器の海外展開の一環として、タイで準備してきた「国際トレーニングセンター」を2016年11月に国立キング・モンクート工科大学に開設している。このセンターには、世界最高水準とされる日本製人工透析器が導入されており、九州保健福祉大学では、現地の学生や医師に機能や操作方法を学んで貰うことによって、日本製医療機器の販路拡大に繋げるとともにASEAN地域の治療技術の向上に貢献したいとしている。

(9) 地域間連携の拡大

　東九州メディカルバレー構想では、新規参入支援、販路開拓支援における連携事業として、大分県、宮崎県および九州ヘルスケア産業推進協議会[147]の三

---

(146) この他、大分大学の取り組みの詳細については、同大学ホームページhttp://www.oita-u.ac.jp/01oshirase/topics/topics.html（2017年5月17日閲覧）を参照。
(147) 同推進協議会は、九州地域において「『健康寿命』が延伸する社会の構築」を図

148

者が連携し，展示会の共同開催や共同出展に取り組んでいる。2015年および2016年の共同開催については「医療機器メーカーの技術展示・マッチング会in本郷」（本郷展示会），共同出展については「HOSPEX Japan2015」および「国際福祉機器展」が挙げられる（共同開催，共同出展の実績については表7-4参照）。さらに，同構想の関連では大分県，福岡県，宮崎県の三県連携で地方創生加速化交付金を活用し，「2016年度九州連携医療機器産業拠点形成推進事業」の一環として，連携する三県を中心とする九州地域の製造業と東京都本郷地区を中心とした専業医療機器メーカーによる九州地域の医療現場でのニーズ探索を含めたマッチング会を開催し，医療機器メーカーと地元のモノづくり企業が相互に持つ強みを活かし，マッチングの機会を提供し，医療機器産業への参入加速化，集積促進などの活動が行われている[148]。

　このように，東九州メディカルバレー構想は，大分県と宮崎県の二県の連携に加え九州ヘルスケア産業推進協議会とも連携するなどクラスター形成が益々広域化する傾向を強めており，ヘルスケア産業クラスター形成は，九州全域にまで拡大する状況にある。しかし，こうした広域化は，推進組織間の連携を意味しており，各クラスターの重要なアクターである企業間の広域的連携を意味しているわけではない。つまり，クラスター形成の推進組織間の連携と，「実体」として営業活動を行っている企業間の連携の次元は同じではない。その証左は，表7-4から窺い知ることができる。なぜならば，東九州メディカルバレー構想全体の会員企業数は，既に200社以上に達しているが，関東首都圏で

るためには，地域を巻き込んで課題解決のための取組を推進する「地域・産業の健康化」と，これらの需要にビジネスの視点で応える「健康の産業化」に積極的に取り組んでいくことが重要であることから，関係機関が連携し，医療・福祉機器関連産業および医療・介護周辺サービス業の創出と集積，さらには積極的な海外展開等に資する事業を行いヘルスケア産業の先導的な地域として発展していくことを目的として2013年7月に設立された団体である。詳細については，同推進協議会ホームページhttp://hamiq.kitec.or.jp/index.html（2017年5月26日閲覧）を参照。
（148）福岡県の推進組織は，「ふくおか医療福祉関連機器開発・実証ネットワーク」である。以上を含め詳細に地域間連携の動向については，大分県・宮崎県（2017）参照。

開催される医療機器関連の展示会に出展しているモノづくり企業は，平均で10社程度に留まっているからである。クラスターの広域化・国際化を指向している東九州メディカルバレー構想であるにも関わらず，この出展企業数は，非常に少ないと言わざるを得ない。ここに，クラスター形成の推進組織と会員企業との"温度差"を垣間見ることができる。

表7-4　大分県，宮崎県および九州ヘルスケア産業推進協議会の連携活動

展示会名	出展企業数*	開催場所	開催時期
本郷展示会 （共同開催）	16	医科器械会館	2016年11月9日
HOSPEX Japan 2015 （共同出展）	10	東京国際展示場	2015年11月25日〜27日
国際福祉機器展 （共同出展）	6	東京国際展示場	2016年10月12日〜14日

（注）＊は大分県・宮崎県モノづくり企業の合計値。
出所：大分県・宮崎県（2017）より筆者作成。

7-3　近接性の諸次元による分析

本節では，上述の東九州メディカルバレー構想の概要および活動内容を踏まえて，当該地域の医療機器生産金額の推移を確認した上で，東九州メディカルバレー構想における広域化・国際化の取り組みを近接性の5つの次元から分析する。

（1）医療機器生産金額の推移からの示唆

東九州メディカルバレー構想が，2010年10月に策定・公表されてからの6年間における大分県および宮崎県の医療機器産業の動向について概観してみると以下のようになる。まず，大分県と宮崎県各々の医療機器生産金額の推移を示すと図7-4のようになる。この図が示すように，医療機器生産金額では，全国上位にランキングされる大分県の生産金額が大幅に減少し続けていることが

図7-4　大分県と宮崎県の医療機器生産金額の推移

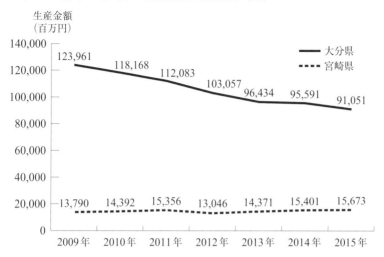

生産金額
（百万円）

出所：厚生労働省『薬事工業生産動態統計』より筆者作成。

わかる。一方，全国ランキングは高くないものの，宮崎県の医療機器生産金額
は2013年以降徐々に増加する傾向にある。次に，大分県・宮崎県合計の国内
医療機器生産金額構成比の推移を示すと図7-5にようになる。この図から明か
なように，2009年には8.7％を占めていた構成比は，大分県の生産金額が大幅
に減少したことによって，2015年には5.5％と7年間で3.2ポイント低下して
いる。このように，東九州メディカルバレー構想が本格的に開始された2012
年以降の4年間を見る限り，生産金額および全国構成比はむしろ減少・低下傾
向にあることから，同構想が当該地域の医療機器産業の活性化に即効的にプラ
スの効果を発揮したみなすことはできない。

　このような統計的事実は，クラスターの広域化・国際化のあり方を検討する
機会を提供する。すなわち，東九州メディカルバレー構想では，クラスターの
広域化・国際化によって，クラスター企業から生み出される試作品や新製品が
短期間に上市し域内の業績向上に貢献できるわけではないことを如実に示して

図7-5　大分県・宮崎県の医療機器生産金額の構成比の推移

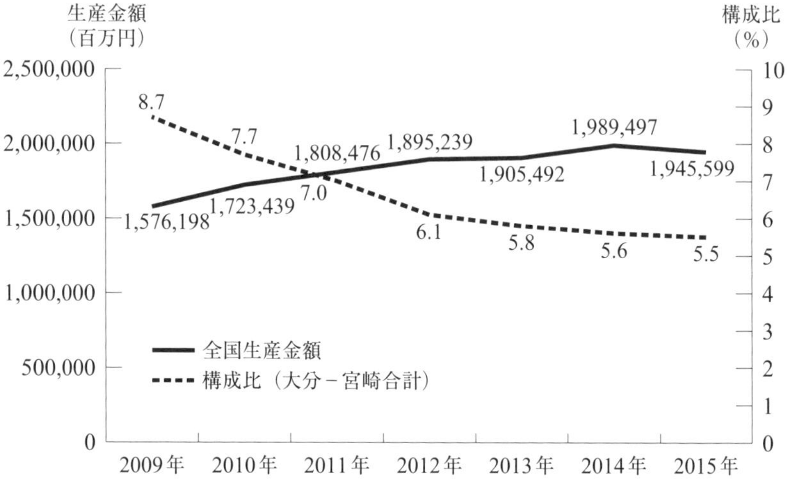
生産金額
（百万円）
構成比
（%）
2,500,000
2,000,000
1,500,000
1,000,000
500,000
0
10
9
8
7
6
5
4
3
2
1
0
8.7
7.7
7.0
6.1
5.8
5.6
5.5
1,576,198
1,723,439
1,808,476
1,895,239
1,905,492
1,989,497
1,945,599
全国生産金額
構成比（大分－宮崎合計）
2009年
2010年
2011年
2012年
2013年
2014年
2015年

出所：前掲図と同じ。

いるのである[149]。換言すると，このようなクラスターの広域化・国際化による新事業展開や新製品開発は，既存産業集積内でどのように位置づけられ，さらに，これまでの産業集積の形成過程で構築されてきたサプライチェーンネットワーク（SCN：Supply Chain Networks，以下SCNと表記）とどのように連結することが可能なのかといった問題を提起している。

こうしたクラスターとSCNの関係に関する研究については，Han（2009）が参考になる。彼は，産業クラスターとSCNの関係には次のような特徴があると指摘している。第一に，サプライチェーンの結節点（node）としての企業は実体（entity）を構成している，第二に，産業クラスターはサプライチェー

（149）但し，2012年度から2015年度における大分県・宮崎県の新規医療機器製造登録業者数は，47件と当初の目標を大きく上回っていることも事実である。このデータについては，内閣府「2015年度地域活性化総合特別区評価書（正）」http://www.kantei.go.jp/jp/singi/tiiki/sogotoc/jigo_hyouka/h27/self/self_tiiki_26.pdf（2017年6月6日閲覧）を参照。

ンの中で地理的に集中している，第三に，産業クラスターは，サプライチェーンの確実な進展に対して質的な環境を提供する，第四に，SCNの確実な進展はクラスターの全体的レベルの向上を促す，以上である。さらに，このHanの研究を踏まえて北嶋（2017）は，クラスター形成の過程で新規参入を目指す中小企業によって開発された医療機器，器具および部品をSCNに繋げるためには，コネクテッド機能の存在が重要であると主張しているが，この主張は，まさに本研究におけるIDTモデルにおけるコネクテッド機能を意味している。

(2) 共同出展による知識普及

　東九州メディカルバレー構想の活動では，クラスターの広域化・国際化の取り組みとして，企業，大学，行政機関，銀行といった多様なアクター間では，認知的近接性が醸成されてきているものと推察される。具体的には，表7-5および表7-6に示したように，推進会議およびセミナーの開催や大分県，宮崎県および九州ヘルスケア産業推進協議会の連携による展示会の主催や共同出展は，アクター間の認知的近接性，すなわち，アクター間の準拠枠（reference frame）の共通性・共有性の場を提供しているものと推察される。

　特に，大分県と宮崎県の展示会への共同出展は，サブクラスターである両県の医療機器クラスターにおけるアクター同士の相互理解を深める場として，一応は機能しているものと考えられ，こうした展示会への共同出展は，自社製品の情報発信，商談といった顕在的機能（actualized function）のほかに，大分県と宮崎県の各々の企業を含むアクター間の相互作用による知識創造および知識普及の場といった潜在的機能（potential function）を果たしているものと推察され，これはまさに，前章で分析したテンポラリークラスターの機能とみなすことができる[150]。

---

(150) テンポラリークラスターの機能については，Maskell，Bathelt and Malmberg
　　（2006），また，サプライチェーンとの関係については，北嶋（2016）を参照。

(3) 知識普及の新たな経路づくり

　図7-2に示したように，東九州メディカルバレー構想の推進組織は全体を統括的する推進会議と大分県と宮崎県それぞれの推進会議の二層構造になっているが，全体を統括する推進会議のアクターは各県の主要アクターで構成されていることから，組織的近接性を調整するメカニズムが機能しているものと推察される。

　さらに，旭化成メディカル㈱は，3つの推進会議全てに参加しており，組織的近接性を強める働きを持っているものと考えられる。また，大分大学，九州保健福祉大学によるタイの大学や医療機関との国際連携，大分県，宮崎県および九州ヘルスケア産業推進協議会の地域間連携は，柔軟で開かれた組織的配置による知識普及の新たな経路づくりを示唆している[151]。

(4) 社会化のプロセス

　社会的近接性を客観的データに基づいて，正確に分析することは困難であるが，社会的近接性がアクター間の社会化（socialization）の類似性に基づくものであることを手掛かりに，図7-2に示した大分大学および宮崎大学の入学者の出身地に注目してみたい。なぜならば，大分大学および宮崎大学の入学者の出身地は，それまで彼らが生活していた地域社会を意味し，それは彼らの社会化に影響を与えたと考えられるからである。つまり，同じ県の出身者の社会的近接性は他県の出身者の社会的近接性よりも相対的に「強い」と仮定されるからである。表7-5は大分大学と宮崎大学の入学者の出身地を九州・沖縄地域とそれ以外の地域，大分県，宮崎県のカテゴリー別に集計した結果である。

　この表からわかるように，大分大学も宮崎大学も入学者の出身地が，九州・沖縄地域の比率が8割弱と圧倒的に高くなっている。また，大分大学の入学者の県内比率は34.8％，宮崎大学の入学者の県内比率は40.0％と両大学とも県内出身者が4割前後を占めている。以上の結果から，こうした入学者の出身地

---

(151) この組織的近接性の機能については，Boschma（2005）を参照。

は,「同じ九州の出身である」あるいは「大学の同窓である」といった共通経験によって,東九州メディカルバレー構想を構成しているアクター間の社会的近接性に対して,将来にわたり影響を与える可能性を持っているものと推察される[152]。

表7-5 社会的近接性の指標としての大学入学者の出身地

大学	入学者の出身地（%）			
	九州・沖縄	九州・沖縄以外	大分県	宮崎県
大分大学	77.2	22.8	34.8	3.9
宮崎大学	77.3	22.7	4.3	40.0

出所:「大分大学広報誌No.46（2016年春）」および「宮崎大学案内2017」より筆者作成。
http://www.oita-u.ac.jp/webpamphlet/BundaiOita/46/index.html#page=5
（2017年5月31日閲覧）
http://web-pamphlet.jp/miyazaki-u/2017p/html5.html#page=71（2017年5月31日閲覧）

さらに,クラスターの国際化にとってアクター間の社会的近接性がどのように関わるのかについて検討するため,図7-2に示した他の2つの大学にも注目してみたい。まず,立命館アジア太平洋大学（大分県別府市）について見てみよう。立命館アジア太平洋大学（APU）は,「自由・平和・ヒューマニティ」,「国際相互理解」,「アジア太平洋の未来創造」を基本理念として大分県と別府市,さらに,国内外の広範な人々の協力を得て2000年4月に開学している。現在（本研究の調査時点において）,同大学は約90ヶ国・地域から約5,800名の学生が学ぶ国際的な大学となっており,学生の半数にあたる2,900名が国際学生,教員の約半数も外国籍で,多文化・多言語環境を提供する大学に成長している[153]。ここで,同大学の地域別の学生数を示すと表7-6のようになる。

---

(152) 大分大学および宮崎大学の卒業生が,県庁,関連団体および県内企業に就職することもクラスター内のアクター間の社会的近接性の強さに影響を与えるものと考えられる。
(153) この概要については,同大学ホームページhttp://www.apu.ac.jp/home/about/content178/（2017年5月31日閲覧）を参照。

表7-6　立命館アジア太平洋大学の地域別の学生数

地域	学生数*	国際学生比率（%)**	APU学生比率（%)***
アジア	2,589	87.9	44.0
中東	11	0.4	0.2
アフリカ	43	1.5	0.7
北米・中南米	78	2.6	1.3
オセアニア	46	1.6	0.8
欧州・ロシア・CIS	180	6.1	3.1

（注）データは2017年5月1日付のものである。
　　　*学生数は，学部学生数，大学院学生数，科目別履修生等の合計。
　　　**国際学生比率は，国際学生数2,947人に占める割合。
　　　***APU学生比率は，国際学生数2,947人と国内学生数2,940人の合計5,887人に占める割合。
出所：「立命館アジア太平洋大学国・地域別学生数」
　　　http://www.apu.ac.jp/home/about/content57/（2017年5月31日閲覧）より筆者作成。

　この表が示すように，同大学の地域別学生数では圧倒的にアジア地域が多くなっている。さらに，同資料から多い順にその内訳を見てみると，大韓民国が517人，ベトナム社会主義共和国が493人，中華人民共和国が445人，インドネシア共和国が362人，タイ王国が273人，バングラデシュ人民共和国が108人となっており，これら6カ国の合計は2,198人（国際学生比率：74.6%，APU学生比率：37.3%）に達する。このように，アジア地域の学生数が多いことは，彼ら卒業生を通じて，大分県とアジア地域との社会的近接性が地理的近接性の弱さを補完する可能性を示唆しており，それは，同大学が参画している東九州メディカルバレー構想の目標である「アジアに貢献する拠点づくり」に対しても将来的には効果を発揮することが期待される。

　次に，九州保健福祉大学（宮崎県延岡市）については，既述したように，「国際トレーニングセンター」を2016年11月に国立キング・モンクート工科大学で開設し，日本製人工透析器の機能や操作方法を現地の学生や医師に学んで貰うことによって，日本製医療機器の販路拡大に繋げると共に，ASEAN地域の治療技術の向上に貢献している。これは，地理的近接性の弱さに対して，国際的な共同事業を活用して両者の社会的近接性をある程度強め，同時に日本

式医療システムの学習による認知的近接性の強化とみなすことができる。一方，同大学のある延岡市は，2011年2月に東九州メディカルバレー構想との連携に主眼を置いた「延岡メディカルタウン構想」[154] を策定しているが，同市では，医療機器の操作等を行う臨床工学技士や薬剤師を養成している九州保健福祉大学を重要な地域資源として位置づけており，九州保健福祉大学と延岡市との間には，地理的近接性を基盤とした社会的近接性が形成されているものと推察される。

(5) クラスターの広域化・国際化による知識普及

　東九州メディカルバレー構想は，日本の医療機器に関する制度，規制，クラスター関連政策といった諸制度に基づいて制定されたものであるが，さらに，2012年7月には内閣府地方創生推進事務局が進めている総合特区（地方活性化総合特区のライフ・イノベーション分野）に認定され，その進捗は国による評価の対象となっていることから，同構想の活動は，この総合特区の目的との制度的近接性を強める傾向にあるとみなすことができる[155]。また，大学を通じた海外の大学への知識普及では，日本と対象国との医療制度に関する相互理解が不可欠となるため，この点においても制度的近接性が重要となる。いずれにしても，東九州メディカルバレー構想は，国内外において地域間連携を拡大する方向にあることから，こうしたクラスターの広域化における知識普及，集団的な学習およびイノベーションでは，地域間の制度的近接性の影響が増加するものと推察される。

（154）同構想については，宮崎県延岡市（2011）を参照。
（155）総合特区の概要については，内閣府地方創生推進事務局ホームページhttp://www.kantei.go.jp/jp/singi/tiiki/sogotoc/index.html（2017年6月2日閲覧）を参照。

7-4 クラスターの広域化・国際化の課題と可能性

　5つの近接性の次元による分析から明らかなように，東九州メディカルバレー構想では，近接性の各次元がクラスターの広域化・国際化に影響を与えている可能性が確認された。そこで，本節ではこれまでの分析に基づいて，クラスターの広域化・国際化の課題と可能性について検討する。

(1) クラスターの広域化・国際化の課題

　既に図7-2で示したように，東九州メディカルバレー構想の推進会議は，全体を統括する推進会議と大分県および宮崎県それぞれの推進会議の二層構造になっている。これは東九州メディカルバレー構想という広域化・国際化を指向するクラスターの中に2つのサブクラスターが存在していることを意味しており，換言すると，大分県医療ロボット・機器産業協議会および宮崎県医療機器産業研究会の会員によるサブクラスター形成を意味している（図7-2および表7-3参照）。この2つのサブクラスターの会員は増加傾向にあり，東九州メディカルバレー構想は，他の地域との連携も含めて規模を拡大していることが窺える。しかしながら，図7-4および図7-5に示したように，構想開始以降，当該地域の医療機器の生産金額は減少傾向を続けており，両県の新規医療機器製造登録業者数は増加しているものの，広域クラスター化による明確な効果を確認することはできない。そこで，クラスターの広域化・国際化の課題を整理すると以下のようになる。

　第一に，地域間イノベーションの不足である[156]。東九州メディカルバレー構想では，大分県と宮崎県のそれぞれの医療機器クラスターがサブクラスターとして存在しており，この2つのサブクラスターの地域間イノベーションが，

---

(156) 地域間イノベーションと近接性の関係については，Lalrindiki and O'Gorman (2016) を参照。

東九州メディカルバレー構想全体のイノベーションに繋がるはずである。敢えて，二県に跨がる広域的なクラスターを指向している狙いもそこにある。しかし，大分県と宮崎県の医療機器クラスター間において，地域間イノベーションが発生しているとは言い難い。なぜならば，推進会議およびセミナーの開催状況が示すように，医療機器展での共同展示や医療機器展の共同開催などを除くと2つのサブクラスターを構成している企業，大学といったアクター間の相互作用を確認することが難しいからである[157]。加えて，両県の医療機器の開発は，各々の県の企業毎に実施されている傾向が強く，両県の企業間の共同開発の顕著な事例を確認することはできないからである[158]。

　第二に，クラスターの広域化・国際化が掲げている目標と製品開発内容の乖離である。東九州メディカルバレー構想の目標の1つは，東九州地域において血液や血管に関する医療を中心に産学官が連携を深め，医療機器産業の一層の集積と地域経済への波及を図ることである。しかし，2つのサブクラスター企業および大学を中心に開発されている製品や試作品の多くは，当該産業集積の競争優位である血液や血管に関連する医療機器および器具ではない[159]。もちろん，製品開発の内容が血液および血管分野に固執する必要はないだろう。しかし，より重要な課題は，産学官連携などによって開発された製品や試作品が血液や血管分野と関係がない機器や器具のため，当該地域の大手医療機器メーカー（主要なクラスター企業）が有しているSCNに繋げられない点にある。個々の開発製品が，上市し当該地域の医療機器生産金額の増加に貢献するためには，それらの製品を市場に流通させるためのSCN，さらには，グローバル・サプライチェーンネットワーク（GSCN：Global Suppy Chain Networks，以下GSCNと表記）と共存（symbiosis）する必要があり，そのためには，当該地域の競争優位である血液や血管に関連する大手メーカーが持つ既存のSCN

---

(157) 共同展示や出展も小規模に留まり地域間イノベーションの発生は殆ど確認されない。
(158) 両県の医療機器の開発状況の詳細については，北嶋（2018）を参照。
(159) この分析については，北嶋（2018）を参照。

およびGSCNを活用することがより効率的かつ効果的である。しかし，そうした能力を持った中小企業が多く存在しているとは言い難い[160]。

第三に，広域的なクラスターに参画している中小企業におけるイノベーションバリア（innovation barrier）の問題である。東九州メディカルバレー構想のサブクラスターの会員企業には，多くのモノづくり系の中小企業が参画している。特に，宮崎県の場合は，会員企業の4割をモノづくり系の中小企業が占めている。これらの企業は，医療機器分野への新規参入を希望する企業群とみなすことができるが，地域イノベーションシステムの視点から見た場合，中小企業の医療機器分野への参入には，イノベーションバリアが存在していることを無視できない。なぜならば，特定の産業集積に属するモノづくり系の中小企業の再活性化を指向する医療機器クラスター形成の場合，特定の周辺地域（peripheral region）に対しては，組織的希薄性（organizational thinness），古くからの工業地域（old industrial region）に対しては，ロックイン（lock-in）といったイノベーションバリアが強く作用するからである[161]。

さらに，こうしたイノベーションバリアは，イノベーション創出能力にも影響を与えるものと考えられる。例えば，大分県に関する日本銀行大分支店の分析レポートによれば，2010年から2012年の都道府県別特許出願・登録件数（人口千人当たり）をみると大分県は出願件数は，全都道府県中第39位，登録件数では同43位となっており，この間の大分県の経済規模を表す県内総生産（人口一人当たり，2010年時点）が全都道府県中第18位であることを踏まえると，大分県は経済力に比して特許出願・登録件数が低位に留まっており，同県では研究開発活動があまり活発でない可能性があること，産学連携についても件数ベースおよび研究費受入額ベースのいずれにおいても足踏みしており，同県のイノベーション創出能力に強みがあるとは言い難いといった指摘がなさ

───────────────

(160) クラスターとサプライチェーンとの共存の必要性については，北嶋（2016）を参照。

(161) 地域イノベーションシステムにおけるイノベーションバリアについては，Tödtling and Trippl（2005）pp.1203-1219および松原（2013）pp.22-23を参照。

れている⁽¹⁶²⁾。

(2) クラスターの広域化・国際化の可能性

　上述のように，クラスターの広域化・国際化には幾つかの課題が存在している。しかしながら，東九州メディカルバレー構想は，二県それぞれに存在している産業集積を東九州メディカルバレー構想といった広域的なクラスターの枠組みで捉え直し，既存の産業集積を質的に変換させることで，当該地域の医療機器産業をより拡大・強化しグローバル市場へのアクセス力を高めようとする試みであり，その意義は大きい。外枦保は，東九州メディカルバレー構想の意義と今後の方向性について，以下の3つを指摘している。第一に，同構想により地域の産業構造の転換が緩やかではあるものの着実に進んでおり，地域産業の進化という意味では新たな発展経路が形成されている。第二に，同構想は東九州の一体性を意識させる取り組みであり，ほぼ時を同じくして大分市から宮崎市まで東九州自動車道路によって結ばれたことから，東九州としての一体性を高める取り組みが今後も求められる。第三に，同構想はローカルな取り組みに留まらず，医療技術人材育成の拠点づくりを通じて東南アジア地域との連携という国を超えた取り組みになっており，産学官の連携を活かして将来的な販路拡大を見据えたものになっている。以上である⁽¹⁶³⁾。

　こうした外枦保の指摘も含めて，本章のまとめとして，近接性の視点からクラスターの広域化・国際化を指向している東九州メディカルバレー構想の可能性を挙げてみたい。Hansen（2015）の仮説によれば，地理的近接性を代替できる関係的近接性は，社会的近接性，組織的近接性および認知的近接性の3つであるとされる。換言すると，これらの関係的近接性は，地理的近接性の弱さを補完し「適度な近接性」を構築する機能と考えられる。確かに，東九州メディカルバレー構想では，広域的なクラスターにおける地理的近接性の弱さを

---

(162)　この分析については，日本銀行大分支店（2014）pp.17-18を参照。
(163)　この意義と方向性については，外枦保（2017），pp.34-35を参照。

社会的近接性，組織的近接性および認知的近接性が補完している可能性を見て取ることができたが，特に東南アジア地域の大学や病院との連携において将来的に重要となる関係的近接性は，社会的近接性と認知的近接性の2つであると考えられる。なぜならば，立命館アジア太平洋大学の卒業生の多くはアジア地域で活躍する人材であり，それは“将来に向けた社会的近接性の構築”を意味しているからである。また，大分大学や九州保健福祉大学による東南アジアへの日本式医療システムの普及では，アクター間の適度な認知的近接性の構築が不可欠となるからである。さらに，こうしたクラスターの国際化は，アクター間の相互学習の蓄積による社会的近接性および認知的近接性の調整メカニズムの形成を伴って，逆にローカルレベルのクラスターの広域化に刺激を与え，その結果，東九州メディカルバレー構想が内包している課題を解決する契機になるものと考えられるのである[164]。

---

(164) これはクラスターの国際化に伴うローカルレベルのクラスターの広域化への
フィードバック効果とみなすことができる。さらに，東南アジア地域がクラスター
（アクター）に加わることで，東九州メディカルバレー構想は大分県と宮崎県のダイ
アド（dyad）の関係からトライアド（triad）の関係に進化し地域間イノベーションが
誘発される可能性が高まるものと考えられる。しかしながら，複数の県に跨る地域間
イノベーションの実現には，これまでの県単位の政策決定システムから広域的な政策
決定システムへの転換が必要不可欠となるため，東九州メディカルバレー構想が直面
している課題の根底には，まさにこの伝統的政策決定システムの壁の存在があると言
えるだろう。

第 **8** 章

ヘルスケア産業
クラスター形成の
日本的特質

（1）IDTモデルの具体的な機能

　本章では，IDTモデルから見た日本のヘルスケア産業クラスターの具体的な機能について，第一に，クラスター促進機能，第二に，知識創造とテンポラリークラスター機能，第三に，クラスターのグローバル・リンケージとダブル・テンポラリークラスター機能，第四に，日韓のクラスター形成メカニズムの比較，第五に，クラスターの広域化・国際化における地域間イノベーションと近接性，第六に，コネクテッド機能，以上6つの視点から考察を行う（図8-1参照）。そして，これらの考察に基づいて，日本版ヘルスケア産業クラスター形成の課題，限界性およびその克服方法を提示し本書のまとめとする。

① クラスター促進機能と中小企業のネットワーク構造

　IDTモデルにおけるクラスター促進機能については，都道府県のヘルスケア産業クラスター推進組織のケーススタディとして，秋田県の「AMIネットワーク」，岩手県の「いわて医療機器事業化研究会」，宮城県の「みやぎ高度電子機械産業振興協会」および長野県の「諏訪圏ものづくり推進機構」を取り上げ，Ingstrup and Damgaard（2011）のクラスター促進者の役割の類型に基づいて分析を行い，社会的アクター結合，専門的アクター結合および事業アクター結合のカテゴリーに基づいて4つのクラスター推進組織の特徴について整理した。その結果，推進組織ではテンポラリークラスター機能を重視している傾向が窺えた。

　一方，これら4県で具体的にヘルスケア関連機器の開発を行っている中小企業を対象にしたインタビュー調査に基づいて，各企業の外部連携による機器開発のネットワーク構造を描出することでアクター間のネットワークの状況が明らかとなった。すなわち，第一に，岩手県のA社における医療機器用生体材料の開発・普及では，クラスター形成の初期段階から大手マテリアル企業の医

図8-1　IDTモデルの具体的な機能

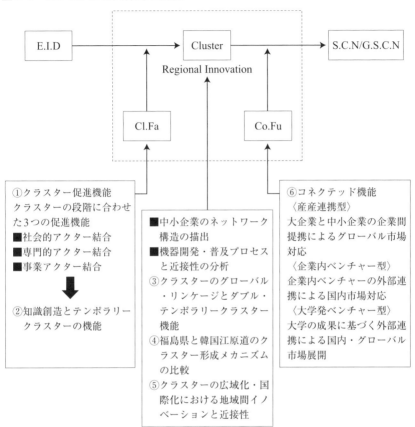

E.I.D　　: Industrial District
Cl.Fa　　: Cluster Facilitated Function
Co.Fu　　: Connected Fuction
S.C.N　　: Supply Chain Networks
G.S.C.N: Global Supply Chain Networks

出所：筆者作成。

療関連事業部と連携し，「出口」を見据えた材料生産体制を構築している，第二に，長野県のB社における高度医療機器「埋込み型補助人工心臓」の開発・普及では，親会社からの長期に亘る研究開発投資により製品化を実現し，大手

マテリアルメーカーとの連携により海外市場展開の体制を構築している．第三に，秋田県のC社における福祉用具「センサー付白杖」の開発・普及では，大学が開発した要素技術を基盤にグループ企業が製品開発を行い，同社は製品の企画・販売に特化した企業となることで製品普及に注力できる環境を構築している．第四に，宮城県のD社における福祉機器「足こぎ車いす」の開発・普及では，国内だけでなく海外企業との連携によって技術水準の高い製品化を実現し，大手メーカーからの投資を実現している．以上である．

さらに，機器開発から普及に至るまでのプロセスを中小企業のイノベーション活動として捉え，機器開発・普及プロセスにおいてアクター間の適度な認知的近接性を保持する上で重要となる他の近接性について分析し仮説的一般化を試みた結果，医療機器分野と健康・福祉機器分野では，フェーズによっては，重要となる近接性に違いが確認された．すなわち，製品の企画・開発段階（フェーズ1）では，認知的近接性を保持する近接性は，両分野共に，地理的近接性，制度的近接性および社会的近接性の3つであり，また，販売・研修・リース段階（フェーズ3）においても，地理的近接性と制度的近接性となっており共通性があるものの，製造・生産段階（フェーズ2）では，医療機器分野は，組織的近接性と制度的近接性であるのに対して，健康・福祉機器分野は，地理的近接性と組織的近接性であり，保守・メンテナンス段階（フェーズ4）においても医療機器分野は，制度的近接性，地理的近接性，さらに仮想的近接性であるのに対して，健康・福祉機器分野は，地理的近接性と社会的近接性となっていることから，これらのフェーズでは，認知的近接性の保持に影響を与える近接性の次元において，医療機器分野と健康・福祉機器分野では違いがあることが明らかになったのである．

② 知識創造とテンポラリークラスター機能

知識創造によるイノベーションでは，テンポラリークラスターの重要性が確認された．そこで，テンポラリークラスターの機能を具体的に分析するため福島県で開催されている「メディカルクリエーションふくしま（MCF）」のケー

ススタディに基づいて，テンポラリークラスターの機能について分析を行った。その結果，テンポラリークラスターは，分析的知識ベースにウェイトを置きながら一時的に発生するクラスターであり，既存産業集積の変換，すなわち，パーマネントクラスター形成に効果を発揮しているが，同時にテンポラリークラスターは，中長期的にはパーマネントクラスターとの相互作用だけでなく，永続性のある企業間ネットワークや企業間プロジェクトにも影響を与える可能性があることが確認されたのである。換言すると，テンポラリークラスターは，パーマネントクラスター（既存産業集積のクラスター化）と共に，既存産業集積を維持している統合的知識ベースを中長期的には分析的知識ベースに変換させる機能を持っているのではないかといった仮説が導出されたのである。

③ グローバル・リンケージとダブル・テンポラリークラスターの機能

本研究では，福島県と江原道の交流をクラスター内の構成要素だけでなく，クラスター相互の構成要素間でより多様な知識の異種交配を発生させている現象として捉え，さらに，両地域で開催されている国際的な医療機器展に焦点を当て，両地域の企業および団体が相互に出展している現象を“ダブル・テンポラリークラスター”と名付けた。そして，両地域でのインタビュー調査に基づいて，グローバル・リンケージおよび“ダブル・テンポラリークラスター”の機能について，以下のように分析した。すなわち，福島県郡山市と江原道原州市の医療機器産業クラスターは展示会への相互出展を契機に両地域の企業が医療機器等の製造・販売で業務提携するなど様々な効果を発揮していることから，両地域間では国際的なクラスター間の繋がりを意味するグローバル・リンケージが構築されている。また，このグローバル・リンケージは複数のグローバルパイプラインの束であり，テンポラリークラスター（MCF）は，このグローバル・リンケージを構成するグローバルパイプラインの「本数」を増やす機会を提供している。さらに，テンポラリークラスターとは，ローカル企業が地理的に離れた場所に存在している知識ポケットにアクセスすることを可能に

する重要な乗り物であるため，"ダブル・テンポラリークラスター"は2つの地域の企業が地理的に離れた場所に存在している知識ポケットに"相互乗り入れできる乗り物"とみなすことができる。そして，これらの機能は，福島県と江原道の両地域のクラスター形成を加速させたのである[165]。

④ 福島県と江原道のクラスター形成メカニズムの比較

本研究では，福島県と韓国江原道の医療機器クラスターについて，現地でのインタビュー調査に基づいて，各々のクラスター形成の経緯に関する分析を行った。その結果，2つの医療機器クラスター形成のメカニズムが異なっているという事実が確認された。すなわち，第6章の概念図で示したように，福島県の医療機器産業クラスター形成は，従来から存在していた医療機器関連企業による産業集積を梃子に，医療機器分野以外の業種領域に属している企業群をヘルスケア産業分野にシフトさせるといった「非クラスター企業群シフト型」である。これに対して，江原道の医療機器産業クラスターの場合は，大学発ベンチャー企業と国内外からの企業誘致による「大学発ベンチャー・企業誘致型」のクラスター形成であり，江原道原州市を中心とするこの地域は，従来は産業集積が脆弱であったことを考慮すると，江原道のヘルスケア産業クラスター形成は，都市政策の一環として極めて人工的に形成されているといった特色を持っていたのである。

換言すると，韓国のクラスター形成のメカニズムは，ベンチャー企業が中心となっている点では，Porterのクラスター概念に近い方法で実行されているものと推察されるが，その背景には，韓国政府による「国家均衡発展政策」の存在があったことも否定できないことから，「国家均衡発展政策＝官主導型」であるとするならば，韓国のクラスター形成も日本と同様に「官主導型」と言えるのかも知れない。しかしながら，韓国では，延世大学を中心に大学発ベン

---

(165) 福島県および韓国江原道の医療機器生産金額は，ダブル・テンポラリークラスターの機能によって拡大傾向にあることが確認されている。両地域のクラスター効果の詳細については，北嶋（2014）を参照。

チャー企業がクラスター形成の最も重要なファクターになっていることから，既存産業集積の資源を活かしながらその質的変換を指向する日本のクラスター形成メカニズムとは明らかに異なる形成メカニズムが働いているとみなすことができる。

⑤ クラスター形成の広域化・国際化と近接性

　東九州メディカルバレー構想のケーススタディに基づくクラスターの広域化・国際化については，地域間イノベーションの視点から分析を行ったが，このケーススタディにおける最大の関心は，クラスターの広域化・国際化と近接性の関係であった。つまり，広域化・国際化は地域間の地理的近接性を弱化されるため，この物理的近接性の弱化を関係的近接性がどのように補完しているのかにあった。換言すると，東九州メディカルバレー構想では，クラスターの広域化・国際化における地理的近接性の弱さを社会的近接性，組織的近接性および認知的近接性が補完しているのではないかといった仮説を設定した。しかしながら，大分県と宮崎県の医療機器クラスターは，東九州メディカルバレー構想という広域連携型のクラスター形成を指向しつつも，実際の活動では2つのクラスターの相互作用はそれほど強いものではなく，具体的なイノベーション行動は，2つのサブクラスター内で実行されている傾向が強く，地域間イノベーションの効果が発揮されているとは言い難い状況が確認された。これに対しクラスターの国際化については，東南アジア地域の大学や病院との連携（地域間イノベーション）が活発化しており，そこでは社会的近接性と認知的近接性の潜在的可能性が確認された。

　具体的にその可能性を挙げると次のようになる。第一に，立命館アジア太平洋大学の卒業生の多くはアジア地域で活躍する人材であり，それは"将来に向けた社会的近接性の構築"を意味している，第二に，大分大学および九州保健福祉大学による東南アジアへの日本式医療システムの普及ではアクター間の適度な認知的近接性の構築が不可欠となる，第三に，こうした東南アジア地域を含むクラスターの国際化は，アクター間の相互学習の蓄積による社会的近接性

および認知的近接性の調整メカニズムの形成を伴って，逆に大分県と宮崎県といったローカルレベルのクラスターの広域化に刺激を与える，第四に，その結果，東九州メディカルバレー構想が内包している課題，すなわち，大分県と宮崎県の医療機器クラスターにおける地域間イノベーションの不活性化を解決する1つの契機になる，以上である。

⑥ コネクテッド機能

　中小企業における機器開発では，そのネットワーク構造が明らかとなったが，IDTモデルにおけるコネクテッド機能の視点は，開発・製品化された医療機器，健康機器および福祉機器等々はどのようにして市場とアクセスしているのか，換言すると，それらの製品（機器，器具，用具）はどのような方法でSCNやGSCNと繋がっているのか，あるいはどのような方法で販路拡大を展開しているのかという点にあった。この問題について，中小企業のケーススタディから明らかになったことは，コネクテッド機能には少なくとも3つのパターンが存在しているということであった。

　すなわち，産産連携型，企業内ベンチャー型，そして大学発ベンチャー型である。産産連携型とは，新たに医療機器等を開発した中小企業とヘルスケア事業の構築を目指す大企業との企業間提携であり，共同出資の合弁企業を立ち上げるケースや大企業のブランド力を活かしたOEM販売のケース，大企業との資本提携のケースなど様々であるが，いずれにしてもグローバル市場展開を指向するのがこのパターンの特徴である。企業内ベンチャー型とは，親会社の一事業として開始されたヘルスケア関連機器事業を別会社として立ち上げ，親会社の事業と分離し企画・営業に特化するようなケースである。この背景には，親会社の事業の見直しといった事情と期待されるヘルスケア産業への積極的な対応といった2つの側面があり，まずは国内市場とのアクセスを重視する傾向にある。最後の大学発ベンチャー型は，大学の研究成果を活用した製品化であるが，大学研究者主導ではなく，外部の起業家主導である点に特徴があり，企画・販売に特化し，製造・生産は外部企業とのネットワークを活用しており，

一種のファブレス型企業と言えるパターンである。このように，本研究では，IDT モデルという変換システムにおけるアウトプット部分に位置するコネクテッド機能には，複数のパターンがあることが明らかになったのである。

8-2　ヘルスケア産業クラスター形成の可能性と課題

これまでの考察に基づいて，日本版ヘルスケア産業クラスター形成の可能性と課題を提示すると以下のようになる。

(1) ヘルスケア産業クラスター形成の可能性

第一に，日本版産業クラスター形成の手法を踏襲しているヘルスケア産業クラスター形成は，既存産業集積内の中小企業が新たなビジネス環境を獲得する機会となる。地域の中小企業はクラスター形成に関わることで将来自社の柱となる新事業の構築に必要な情報と知識を得ることができる。特にMCFのケーススタディから明らかになったように，テンポラリークラスターは中小企業にとって，グローバルな視野で知識創造を行うための重要な機会となっている。国際的な展示会に出展・参加することで，中小企業は既存産業集積内のローカルバズだけでなくテンポラリークラスターによるグローバルバズを得ることが可能になる。また，中小企業の医療機器開発への支援体制は徐々に整備されてきている。医療機器分野では既に「伴走コンサル」と呼ばれる支援事業が開始されている。これは中小企業の医療機器分野での活動を成功させるための支援である。具体的には開発段階に応じたネットワークによる支援であり，市場探索，デザイン，コンセプトの設計，開発・試験，製造・サービス供給体制，販売・マーケティング，上市の各段階に対して「伴走コンサル」がアドバイスを行い，関係機関を総動員しワンストップで医療現場のニーズ発掘や事業化支援

（薬事，知財，海外展開，ファイナンス）を切れ目なく行う仕組みである[166]。このように医療機器分野における「伴走コンサル」の機能は，"日本版ヘルスケア産業クラスター（特に医療機器クラスター）"の形成と中小企業のイノベーション活動において"機動的かつ段階的な促進機能"を持っているのである。

　第二に，ヘルスケア産業クラスター形成は，日本のヘルスケア産業を成長分野に押し上げることで，既に超高齢社会に入り増加し続けている日本の医療費の抑制に繋がるものと期待されるが，仮説としては，図8-2のようなシナリオが考えられる。この図の上段は，ヘルスケア産業が成長できず現状のまま推移した場合である。結局，この連鎖では最終的に国の財政は破綻し，地域包括ケアシステムの維持は困難になる。また，IDTモデルが稼働しないため，既存産業集積の再構築は困難となり地域産業およびその担い手である中小企業は衰退することになる。一方，下段は，ヘルスケア産業クラスター形成によって日本のヘルスケア産業が成長過程に入り，強い国際競争力を獲得できた場合を示している。この場合は，中小企業に蓄積されている優れた技術・技能の応用展開により，医療機器・器具，健康機器・器具，介護福祉機器・用具の製造コストは低減され，安価な製品提供が可能となり，結果的に健康・介護保険適用製品にかかる費用負担の低減が可能となる。さらに，ICT（情報通信技術）およびRT（ロボット技術）の適用により医療・介護のサービス現場の作業負担が大幅に軽減され，それは従事者の離職率の抑制に繋がり，最終的には地域雇用創出，アジア等への市場拡大によって税収は安定化し，国の財政の維持により地域包括ケアシステムの継続が可能となる。

　以上の2つのシナリオは，単純な仮説的な連関図に過ぎないが，ヘルスケア産業が成長しない限り必ずや財政破綻は起きる。1990年に約47兆円であった社会保障給付費は2014年には115兆円まで膨らみ，今後は2倍，3倍に増加す

---

(166)「伴走コンサル」は，2014年10月31日に業務が開始された「医療機器開発支援ネットワーク」の中心的支援機能である。詳細については，文部科学省・厚生労働省・経済産業省（2015）を参照。

図8-2　ヘルスケア産業クラスター形成と２つのシナリオ

〈現状のまま推移した場合〉

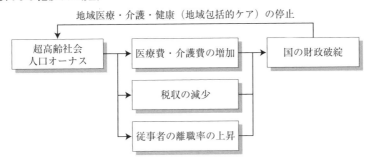

〈ヘルスケア産業が成長した場合〉

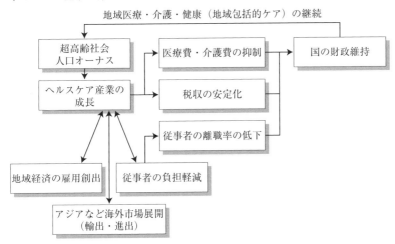

出所：筆者作成。

ると予想されており，介護サービスのレベル自体を下げざるを得ない状況が既
に懸念されているのである[167]。そのため，図の下段は単なる理想像ではなく，

---

(167) 以上の分析については，梅田（2015）pp.22-23を参照。

日本が実現しなければならないシナリオと見るべきではないだろうか⁽¹⁶⁸⁾。このように，ヘルスケア産業クラスター形成は，既存産業集積および中小企業の再活性化といった地域産業政策だけでなく日本の社会保障政策と深く関連しているのである⁽¹⁶⁹⁾。

　第三に，日本政府が打ち出している「地域包括ケアシステム」の特徴は，日常生活圏域での介護，医療，予防，住まい，生活支援の5つの視点から構成されている点にある⁽¹⁷⁰⁾。そのため，今後は，医療機器（診断系および治療系機器・器具），健康機器（健康寿命の延伸，リハビリなどの機器・器具）および福祉機器（介護機器・用具・福祉機器・用具）の分野は，ヘルスケア産業として1つの巨大な産業として統合され，個々の機器・器具・用具は相互連結できるシステムへ向かうものと予想される。また，ヘルスケア産業は地域社会と密接に関係しているため，地域の社会構造や経済構造に適応する機器・器具・用具の開発が重要な課題となる。つまり，ヘルスケア産業における経済的関係性は，社会的文脈に埋め込まれている傾向が強く，そのため社会的関係性が経済的成果に及ぼす影響を考慮する必要がある。換言すると，社会的近接性が当該産業の成長にとって重要な役割を果たすものと考えられるが，この社会的近接性が組織的近接性と共に制度的近接性に埋め込まれているとするならば，まさに，規制産業としてのヘルスケア産業の成長は，制度の変化に対応（呼応）できるイノベーション活動でなければならないだろう。これは，当該産業を軸に

---

(168) これに関連して，「人口減少ペシミズム（悲観論）」を排し，経済成長の鍵はイノベーションであるいった見解もある。以上については，吉川（2016）を参照。

(169) これに関連する研究として，漆（1998）は，医療技術の進歩には医療費を増加させるものと減少させるものがあるとして，前者の例として，CT（コンピュータ断層撮影）やMRI（磁気共鳴画像装置），後者の例として，血液自動分析器を挙げている。また，真野（2017）は，社会保障としての医療と産業としての医療を区別した上で，医療の指標には「コスト」，「アクセス」，「質」の3つがあり，そのうち2つまではどれでも選ぶことができるが，3つ全てを良い方にみたすことはできないと指摘している。

(170) 地域包括ケアシステムの概要については，東京大学高齢社会総合研究機構（2015）を参照。

した海外展開においても同様である。その意味からも，制度的近接性における重要なアクターとして存在している多種多様な公的支援機関同士の相互連結が必要となる。これらは，一見するとヘルスケア産業クラスター形成の課題のように見える。しかし，ヘルスケア産業の経済的関係性が社会的文脈に埋め込まれている事実は，「新しい社会経済システム構築の可能性」を示唆している。超高齢社会は，日本がヘルスケア産業クラスター形成を通じて「21世紀型の社会経済システム」を世界に発信できる機会でもあると言えるのではないだろうか。

(2) ヘルスケア産業クラスター形成の課題

　第一に，ヘルスケア産業クラスター形成では，二重の「負のロックイン効果」が発生する危険性を指摘することができる。IDTモデルによって，既存産業集積が変換されることは，中小企業が慣れ親しんできた量産型・受注型の取引先構造からの脱却を意味することになる。そのため，新しい産業分野への参入が制限されたり，また，自ら参入を躊躇したりする「負のロックイン効果」が発生する。もう一つの「負のロックイン効果」は，ヘルスケア市場側に存在する。既にある医療機器市場，介護福祉機器市場では，商慣行が確立されている。そのため，新規参入者が開発した製品・部品を受けつけないといった「負のロックイン効果」が発生する。故に，こうした「負のロックイン効果」を医工連携事業化推進事業[171] によって，どの程度溶解できるかがクラスター形成の鍵となる[172]。

　第二に，クラスター形成の広域化に伴う情報の粘着性の低下である。広域化による地理的近接性の弱化は，関係的近接性によって補完されるものの，暗黙知の交換，継承，相互理解を含む知識創造を可能にする情報の粘着性は低下す

---

(171)　医工連携事業化推進事業の詳細については，国立研究開発法人日本医療研究開発機構のホームページ http://www.amed.go.jp/（2017年4月10日閲覧）を参照。
(172)　「負のロックイン効果」については，藤田・久武（1999）pp.40-101，藤田（2003）pp.238を参照。

る。その結果，クラスターの広域化により，急進的なイノベーションは抑制される可能性が高まるものと考えられるのである[173]。よって，クラスターの広域化では，サブクラスターのネットワークや医療機器・器具等の具体的なターゲット分野の共通性に着目し，地理的に離れた地域間を結合させる情報通信技術（ICT）を活用したメタネットワークによる地理的近接性弱化の補完などの工夫が必要となる[174]。

　第三に，クラスターの国際化，すなわち，グローバル・リンケージによる産業集積間の相互作用およびダブル・テンポラリークラスター機能による知識創造と知識普及の機会の増大は，相互の企業等のイノベーションにとって有効であるが，同時にグローバル展開では，協働モデルと競合モデルの両面から産業集積の役割を考えながら，ヘルスケア産業クラスター形成を目指さなければならない[175]。また，知識普及は製品や部品の模倣を可能にするため，グローバル・リンケージでは，製品等の模倣困難性を高めることも企業および支援機関にとって必要である[176]。

　第四に，コネクテッド機能の脆弱性を挙げることができる。ヘルスケア産業の場合，特に，GSCNとの繋がりを持つ機能は，世界規模で部品供給網と生産拠点を有している自動車・同部品産業あるいは電子電気・同部品産業と比較し極めて脆弱である。この対策としては，コネクテッド機能の3パターンのうちの第一のパターン，すなわち，中小企業と大企業の産産連携による合弁会社の設立が有効である。また，その場合の大企業は，日本企業でない場合も想定される。あるいは，大企業ではなくても，ヘルスケア市場へのアクセス能力を有している企業，すなわち，医療機器・器具の販売会社（販社）や医療機器・器具を専門に扱う商社もコネクテッド機能を果たすものと期待されるが，その場合，産学官連携活動を中心とするクラスター形成の初期段階から，コネク

---

(173) 情報の粘着性仮説については，von Hippel（1994）を参照。
(174) 広域クラスターのメタネットワークについては，北嶋（2009）を参照。
(175) 産業集積の競合モデルと協働モデルについては，北嶋（2004）を参照。
(176) この「模倣困難性」の重要性については，北嶋（2015）を参照。

テッド機能を有した企業が参画していることが鍵となる[177]。

ところで，GSCNにアクセス可能なヘルスケア関連機器として，健康機器を指摘しておきたい。なぜならば，健康機器は，民生用電子機器や民生用電気器具との親和性が高く，大手家電メーカーの参入は，製品や部品の世界供給網の構築にとって即効性があると考えられるからである。但し，健康機器は，現時点では医療機器と異なり市場を規定する国際的な厳しい法制度は未整備であるが，今後は，ソフトウェアを含め，健康機器の開発・製造・販売に対しても医療機器と同じような法制度が制定される可能性が残されている点は留意しておく必要がある[178]。いずれにしても，クラスターとサプライチェーンの共存を可能にするためには，クラスター形成の初期段階からコネクテッド機能を組み込んでおくことが肝要と言える。

(3) ヘルスケア産業クラスター形成に影響を与える「6番目の近接性」

インターネットの普及は，世界規模で我々の情報環境を大きく変貌させている。イノベーションを促す知識創造や知識普及は，このインターネットに象徴される情報通信技術（ICT）の進展と密接な関係性を構築し始めている。それは，ヘルスケア産業クラスター形成にも大きな影響を与えるものと推察される。Jönsson（2015）は，このICT時代に対応した近接性を仮想的近接性（virtual proximity）と名付けている。彼によれば，仮想的近接性は，他の近接性概念の考え方ほどしっかりと確立されているものではないが，仮想的近接性は，地理的近接性にとって補完機能あるいは代替機能を果たすものであり，またインターネットフォーラムなどの仮想的な情報空間の中で，我々は対面的な相互作用と同じような関係性を構築し，自分のポジションを獲得できるとして

---

(177) このようなコネクテッド機能は，第3章の山本論文の中でHalderが指摘している価値連鎖（value chain）のつながりを持つ企業間関係の構築と類似している。
(178) この指摘については，日吉（2015）を参照。また，これに関連する動きとしては，GHS（Good Health Software）開発ガイドラインがある。詳細については，一般社団法人ヘルスソフトウェア推進協議会ホームページ http://good-hs.jp/beginner.html（2017年7月1日閲覧）を参照。

いる。つまり，仮想的近接性は，地理的近接性の弱化を補完する機能を持っていることから，特に，本研究で考察したクラスターの広域化・国際化にとって影響を与えるものと考えられる。

一方，齊藤（2012）は，特許データを用いた実証分析に基づいて，共同研究活動における地理的近接性について考察し，結論として，組織間の共同研究の地理的距離は狭く，特許の引用関係による「知識波及」の測定では特許引用の地理的範囲は非常に広いものの，企業集積の地理的範囲は30km程度であること，また，企業の集積と関係が深いのは共同研究による「暗黙知の波及」であり，従来型のクラスター政策の観点は依然として有効であることを指摘している。さらに齊藤は，組織間の距離の重要性は，共同研究を継続させる時ではなく，共同研究を開始する時点において生じるといった分析を行っている。

以上の2つの研究から，クラスター形成において仮想的近接性と地理的近接性の関係を考慮する必要性を読み取ることができるが，1つの示唆は，クラスター形成において，あるいは企業間の共同開発および製品の普及プロセスにおいて，重要となる近接性が仮想的近接性の登場によって，より変化する可能性が高まっているということである。これは，本書第5章の中小企業における医療機器および健康・福祉機器の開発・普及プロセスと近接性の関係に関する分析とも通底している。既に，SNS（social networking service）の普及は，ウェブ（Web）上での社会的ネットワークの構築を可能にしており，インターネットフォーラムを含め，こうした仮想的な情報空間での社会的ネットワークは，テンポラリークラスターによる知識創造や知識普及に影響を与えるものと考えられる。つまり，仮想的テンポラリークラスター（virtual temporary cluster）による仮想的バズ（virtual buzz）の発生が予想されるのである。

また，上述の齊藤の指摘では，企業集積の地理的範囲は30km程度で企業集積と関係が深いのは共同研究による「暗黙知の波及」であるとされるが，仮想現実（virtual reality）の技術的進展は，インターネットフォーラムやSNSのネットワーク環境と合体することで「暗黙知の波及」における地理的近接性の"制限"を低減させる可能性があると考えられる。さらに，こうした仮想的情

報空間（サイバー空間）の拡大は，ヘルスケア産業そのものにも大きな変化をもたらすことになる。情報通信技術（ICT）を活用した遠隔診断，見守りシステムなどは既に実現されているが，医師，病院，サービス企業，エンドユーザー（患者）などが仮想空間の中で位置づけられるならば，ヘルスケア産業のビジネス環境は大きく変化することになる。いずれにせよ，仮想的近接性の概念は，ヘルスケア産業クラスター形成にとって，その重要性を今後益々高めるものと考えられる。

8-3 日本版クラスター形成の限界性とその克服方法

(1) 日本版クラスター形成の限界性

　最後に，IDTモデルによる分析を踏まえて，日本版クラスター形成の限界性とその克服方法を提示し，本書のまとめとする。

　まず，日本版クラスター形成の限界性については，以下の5つを指摘することができる。すなわち，第一に，日本版クラスター形成は，官主導型であり，それらは地域産業政策の一環として実施され，その方法論は一律的であるため，地域の産業特性や歴史的経緯の配慮に欠けている，第二に，推進組織は都道府県等の外郭団体が担うケースが少なくないため，クラスターのマネジメントは担当者の能力および気力に大きく依存する，第三に，産学官連携を核にしたネットワーク構造では，開発される製品や部品は開発補助金や助成金に依存しており，補助金投入の終了に伴い事業も終了するため，試作開発に留まり上市する機会を失う可能性が高い，第四に，既存産業集積内の有力企業が主要アクターとして参加している場合，既存産業集積の「負のロックイン効果」により，既存産業集積の変換に必要な柔軟な知識創造の機会を逃す可能性がある，第五に，官主導型の推進組織の活動は，ともすれば手段（クラスター化のための組織づくり）が，組織自体の維持・拡大といった目的に転化され，既存産業集積を変換させるといった当初の目的が形骸化する，以上である。

179

（2）限界性の克服方法

　次に，限界性の克服方法については，第5章で取り上げた中小企業のヘルスケア関連機器の開発・普及における"小さなネットワーク構造"が参考になる。すなわち，製品開発の初期段階では，国や県からの製品開発資金の支援を受けつつも，最終的には民間レベルでの外部連携によってイノベーションを実現し，製品や部品の上市に成功しているケースが存在しているからである。つまり，限界性は克服方法とコインサイドの関係にあるため，これらの限界性は，日本のヘルスケア産業クラスター形成を成功させるための"要件"と言い換えることができる。

　そうした観点から，日本版ヘルスケア産業クラスターの限界性の克服方法を提示すると以下のようになる。第一に，地域資源を活用した個性的な産業形成を指向したテンポラリークラスター機能の活用，第二に，地域の財団，NPO，大学，高専などを活用したクラスター・マネジメント能力の学習と推進機能の継続性の確保，第三に，中小企業と大手メーカーとの連携，すなわち，IDTモデルのコネクテッド機能の強化による「出口」を見据えた製品の企画・開発・普及の徹底，第四に，多様なアクター間の認知的近接性の重要性を踏まえた「負のロックイン効果」の低減，第五に，クラスター推進組織の目的の明確化とクラスター促進機能の段階的な民営化[179]，以上である。

　翻って，Jacobs（1984）が，マサチューセッツ工科大学（MIT）の社会学者Sabel（1982）の叙述を引用しながら，その重要性を指摘したイノベーションを誘発させるインプロビゼーション（improvisation：環境変化に柔軟に対応する即興性，臨機応変な対応力）は，中小企業のイノベーションによる産業集積の再構築にとっても重要な示唆を投げかけている。そして，このインプロ

（179）例えば，このクラスター促進機能の活性化には，フィンランド・オールモデルの分析で知られる笹野が提唱している「クラスター活動体」が参考になる。詳細については，笹野（2014）を参照。同時に，これらの限界性の克服には，各都道府県の公益財団法人中小企業振興公社（産業支援センター等）の職員に蓄積されている産業集積内の中小企業および諸アクターに関する豊富な知識や情報の活用，すなわち，地元化された学習と能力の活用が有効な手段になるものと考えられる。

ビゼーションそのものは，もはや「官主導型」という手法だけで促進されるものではないということを"観じ始めている"のは筆者だけではあるまい。

あとがき

　本書の執筆中，新型コロナウイルス（COVID-19）の世界的拡大というパンデミックが発生した。命がけで治療に立ち向かっておられる医療関係者の方々には，心より感謝と敬意を表したい。此度のコロナ禍は，3つの意味において本研究にも衝撃を与えた。第一に，日本の公衆衛生や医療政策の様々な問題点が露呈されたこと，第二に，クラスターが「感染集団」という意味で一般化されたこと，第三に，一定のソーシャルディスタンスを保ち，3密を避けるという行動様式の変容を余儀なくされたことである。

　特に，クラスターが「集団感染」という意味で広がったことはとても残念であるが，本書で述べたクラスターと伝播の仕組みは同じである。ただ，それが「知識」なのか「ウイルス」なのかの違いである。此度のコロナ禍では，「知識」ではなく「ウイルス」がグローバルパイプラインやバズによって広がってしまった。また，ソーシャルディスタンスや自粛とは，まさに，地理的近接性を制限するものであり，近接性による知識創造や知識普及は停滞する。テンポラリークラスターにあたる国際的なイベントが軒並み中止または延期されていることは，様々な領域におけるイノベーションにブレーキをかけている。

　一方，此度のコロナ禍によって，テレワークやオンライン授業が急速に普及し始めていることも事実である。これは，本書で触れた仮想的近接性そのものであり，今後は，ヘルスケアをはじめ様々な分野において仮想的近接性の重要性が高まるものと予想される。

　しかし，此度のコロナ禍で，私が最も強く感じたのは，ソーシャル・キャピタル（社会関係資本:social capital）の光と影である。その特徴の1つである互酬性（お互いを気遣うこと）は，新型コロナウイルス感染の抑止力になると同時に，感染者への攻撃にもつながっている。最近の私の研究では，ソーシャル・キャピタルとクラスター形成の親和性が確認されているが，影の部分を看

過してはならないと感じ始めている[180]。

　なお，本書の底本は，2017年12月に東京大学大学院総合文化研究科に提出した博士論文「ヘルスケア産業クラスター形成の日本的特質―中小企業のイノベーションによる産業集積変換モデル」である。但し，本書作成では紙幅の関係で筆削を行った。博士論文の作成に際して，親身にご指導頂いた東京大学大学院総合文化研究科教授の松原宏先生をはじめ，論文審査でお世話になった荒井良雄先生，近藤章夫先生，永田淳嗣先生，梶田真先生に心より感謝したい。また，国内外のインタビュー調査にご協力頂いた方々に感謝したい。

　加えて，研究所の仕事を通じてお世話になっている林良造所長および同僚諸兄姉，並びに宮川公男先生，長瀬要石先生，吉田敬一先生，小川正博先生，居城克治先生，渡辺幸男先生，山﨑朗先生，髙橋美樹先生，粂野博行先生，日吉和彦先生，鍋山徹先生，東畠弘子先生，奥山雅之先生，兼村智也先生，吉本陽子先生，小林哲也先生，長山宗広先生，山本匡毅先生，近藤信一先生，太田志乃先生，西岡正先生，佐伯靖雄先生，田中のぞみ先生に感謝したい。

　そして，社会学者R.K. Mertonの高弟で，大学院時代の師である金丸由雄先生（故人）に本書を捧げたい。30年以上前，師の下で私が取り組んだ修士論文が，緒方洪庵「適塾門下生」の社会学的研究[181]であったことを思うと，コロナ禍の中で本書を出すことに不思議な縁を感じている。また，中学時代の恩師，丹道男先生を囲み毎年郷里で開かれる同級会は，私の研究活動のエネルギー源になっていることも記しておきたい。

　最後に，妻のますみと一人娘のまりえに感謝したい。ふたりの存在がなければ，今の私は存在していない。本当にありがとう。

コロナ禍の一日も早い終息を祈りながら，相模原にて

北 嶋　守

（180）ソーシャル・キャピタルとヘルスケア産業クラスターの親和性については，北嶋（2020）を参照。
（181）この修士論文の概要については，北嶋（1990）を参照。

参考文献

［日本語文献］

石倉洋子・藤田昌久・前田昇・金井一頼・山﨑朗（2003）『日本の産業クラスター戦略―地域における競争優位の確立』有斐閣.

石橋毅（2015）「医療機器産業集積による福島復興」山崎朗編『地域創生のデザイン』中央経済社：67-91.

市來圭（2013）「ヘルスケア産業への挑戦―東海地域のものづくり企業にとっての新規分野」共立総合研究所『Business Labor Trend』：29-33.

伊藤久秋（1976）『ウェーバー工業立地入門（訂正版）』大明堂.

海上泰生（2013）「医療・健康・衛生機材産業において新規参入を成功に導く諸要素―医療機器・健康機器・衛生用品市場の参入成功実例の考察」『日本政策金融公庫論集』21：1-25.

梅田智広（2015）『医療と介護，住民をつなぐICTネットワーク―超高齢社会が日本を変える』ワイズファクトリー.

漆博雄（1998）『医療経済学』東京大学出版会.

大分県・宮崎県（2010）「東九州地域医療産業拠点構想―東九州メディカルバレー構想」.

大分県・宮崎県（2017）「東九州メディカルバレー構想における成果―広がる地域間連携の取り組み」『第3回全国医療機器開発会議』（2017年1月27日資料）.

川端勇樹（2017）『地域新産業の振興に向けた組織間連携―医療機器関連分野における事業化推進への取り組み』ナカニシヤ出版.

機械振興協会経済研究所（2008）「高齢福祉型・環境配慮型社会の産業形成と「北欧モデル」の適用可能性」.

機械振興協会経済研究所（2011）「産業セクター融合の時代における新事業展開」.

機械振興協会経済研究所（2013）「日韓産業クラスター比較研究―医療機器産業におけるリンケージメカニズム」.

機械振興協会経済研究所（2014）「医療機器産業におけるサプライヤーシステム―中堅・中小企業の技術力を活かした成長条件」.

機械振興協会経済研究所（2015）「健康・福祉機器市場における中堅・中小企業の販路拡大策―製品普及のためのビジネスモデルと成長課題」.

機械振興協会経済研究所（2016）「超高齢社会の課題解決に向けた機械情報産業の新展開―新市場展開と内部環境変化への対応状況」.

北嶋守（1990）「西洋科学技術導入期における蘭学者の伝統的制度への回帰―『適塾』

門下生の歴史・科学社会学的分析」『社会学評論』41-3：261-276.

北嶋守（1997）「ASEAN地域における日本型システムの位相」機械振興協会経済研究所『機械経済研究』28：1-26.

北嶋守（2000）「中小製造業における産学官連携活動の実態分析—コンペティション＆コラボレーションの場の形成」『機械経済研究』32：1-19.

北嶋守（2004）「アジア規模のモノづくりの進展と国内産業集積の再構築—競合モデルと協働モデルの視点から」『アジア新時代の中小企業』（日本中小企業学会論集23）同友館：47-60.

北嶋守（2006）「中小製造業を軸にした日本版クラスターの実現—地域産業イノベーションの実態調査からの示唆」『機械経済研究』37：1-14.

北嶋守（2009）「地域産業政策のための領域横断的アプローチとメタネットワーク型クラスターの可能性—フィンランドの産業政策からの示唆」『機械経済研究』40：1-16.

北嶋守（2010）「文化受容体を内蔵した日本の耐久消費財の可能性—多様性に馴染む製品による"ガラパゴス"からの逆襲」『機械経済研究』41：1-21.

北嶋守（2014）「日韓医療機器産業クラスターにおけるグローバル・リンケージの可能性—郡山市と原州市の事例に基づいて」『機械経済研究』45：1-19.

北嶋守（2015）「医療機器クラスターを軸にした中小企業の新事業展開—優位になる能力と必要になる能力」『機械経済研究』46：57-72.

北嶋守（2016）「日本の医療機器クラスターの特質と中小企業の成長条件—クラスターとサプライチェーンの共存」『機械経済研究』47：1-27.

北嶋守（2017a）「医療機器クラスターの形成と中小企業の製品開発—クラスター・ライフサイクルモデルの日本的特質」『産業学会研究年報』32：155-168.

北嶋守（2017b）「健康・福祉機器分野における中小企業の新製品開発—『近接性』概念による外部連携活動の分析を中心に」『「地方創生」と中小企業—地域企業の役割と自治体行政の役割（日本中小企業学会論集36）』同友館：70-82.

北嶋守（2018）「広域クラスター形成における多様な近接性—東九州メディカルバレー構想の事例に基づいて」『福岡大学商学論叢』62-3：257-296.

北嶋守（2020）「医療・福祉機器開発における強い紐帯と弱い紐帯の力—ヘルスケア産業クラスターとソーシャル・キャピタルの親和性」産業学会編『産業学会研究年報』35：21-43.

金仁中（2015）「日韓自治体間の産業技術交流と協力」安倍誠・金都亨編『日韓関係史1965〜2015 Ⅱ経済』東京大学出版会：359-379.

清成忠男（2009）『日本中小企業政策史』有斐閣.

経済産業省中部経産局（2011）「新ヘルスケア産業創出懇談会　中間とりまとめ」.

小泉圭之（2012）「技術力と営業力を両輪とする支援—医療・福祉機器の活性化方策」『SRI』106：67-119.

国際貿易投資研究所（2016）「2015年度地域経済の発展に貢献するドイツのクラスター報告書」『ITI調査研究シリーズ』24：48-62.

齊藤有希子（2012）「組織間の共同研究活動における地理的近接性の意味—特許データを用いた実証分析」『研究レポート』384：1-13.

笹野尚（2006）「ハイテク型産業クラスターの形成メカニズム—フィンランド・オウルICTクラスターにおける歴史的実証」『経済経営研究』27-2.

笹野尚（2014）『産業クラスターと活動体』エネルギーフォーラム.

自治体国際化協会ソウル事務所（2006）「韓国の国家均衡発展政策」『CLAIR RE-PORT』289：31.

車相龍（2011）『日韓の先端技術産業地域政策と地域イノベーション・システム』花書院：163-179.

鈴木堅之（2012）「『足こぎ車いす』に学ぶ医療イノベーションの法則」科学技術振興機構『産学官連携の道しるべ』6.

関満博（1993）『フルセット型産業構造を超えて—東アジア新時代のなかの日本産業』中央公論新社.

外枦保大介（2017）「『東九州メディカルバレー構想』と地域産業の進化」『地理』62-6：29-35.

田中利彦（2014a）「医療産業クラスターによる地域経済活性化」『産業経営研究』33：31-57.

田中利彦（2014b）『先端産業クラスターによる地域活性化—産学官連携とハイテクイノベーション』ミネルヴァ書房.

田中利見（1996）「中小企業の経営戦略」清成忠男・田中利見・港徹雄編『中小企業論』有斐閣：161-219.

寺田隆至（2009）「ポーターの産業クラスター政策と経済産業省の『産業クラスター計画』」大阪市立大学『経営研究』59-4：1-16.

東京大学高齢社会総合研究機構（2015）『地域包括ケアのすすめ—在宅医療推進のための多職種連携の試み』東京大学出版会.

友澤和夫（2002）「学習・知識とクラスター」山﨑朗編『クラスター戦略』有斐閣：31-52.

内閣府（2015）「2015度版高齢社会白書」.

中野壮陛（2010）「日本の医療機器市場の長期動向—薬事工業生産動態統計1984年

〜2008年を用いて」財団法人医療機器センター附属医療機器産業研究所『リサーチペーパー』2.

長山宗広（2010）「新しい産業集積の形成と地域振興」吉田敬一・井内尚樹編『地域振興と中小企業―持続可能な循環型地域づくり』ミネルヴァ書房.

長山宗広（2016）「医工連携による地域イノベーション―浜松地域の実践コミュニティを事例に」『商工金融』8：5-25.

西川和明（2003）「韓国・ウォンジュ市における産学連携とベンチャー育成」『季刊国際貿易と投資』52：69-79.

西川太一郎（2008）『産業クラスター政策の展開』八千代出版.

西澤昭夫・忽那憲治・樋原伸彦・佐分利応貴・若林直樹・金井一頼（2012）『ハイテク産業を創る地域エコシステム』有斐閣.

日本銀行大分支店（2014）「大分県における産業クラスターの更なる発展に向けて」.

日本政策投資銀行（2012）「東九州メディカルバレー構想の推進に向けて」.

日本政策投資銀行東北支店（2012）「福島県を中心とする医療機器産業クラスター形成の一層の推進に向けて」：25-27.

日本政策投資銀行（2014）「医療機器クラスター形成に向けた地域の動向―各地での取り組みがわが国の競争力強化に寄与」.

野澤一博（2012）『イノベーションの地域経済論』ナカニシヤ出版.

服部民夫・佐藤幸人編（1996）『韓国・台湾の発展メカニズム』アジア経済出版会：317-345.

原田誠司（2009）「ポーター・クラスター論について―産業集積の競争力と政策の視点」『長岡大学研究論叢』7：21-42.

東畠弘子（2015）「介護福祉機器市場の特徴と機器・用具の普及課題」機械振興協会経済研究所『健康・福祉機器市場における中堅・中小企業の販路拡大策―製品普及のためのビジネスモデルと成長課題』：102-110.

日吉和彦（2015）「健康機器市場の特徴と機器・器具の普及課題」機械振興協会経済研究所『健康・福祉機器市場における中堅・中小企業の販路拡大策―製品普及のためのビジネスモデルと成長課題』：111-115.

日吉和彦（2016）「超高齢社会における中小企業の医療機器分野への参入課題」機械振興協会経済研究所主催『2015年度機械工業振興補助分野・成果セミナー・講演資料・超高齢社会に課題解決に向けた機械情報産業の新展開―新市場展開と内部環境変化への対応状況』：1-24.

平尾光司（2007）「産業クラスターとその変化のガバナンス―ノルト・ライン・ウエストファリア州の教訓（翻訳紹介）」『専修大学都市政策センター論集』3：221-

240.

藤田昌久・久武昌人（1999）「日本と東アジアにおける地域経済システムの変容―新しい空間経済学の視点からの分析」『通産研究レビュー』13.

藤田昌久（2003）「空間経済学の視点から見た産業クラスター政策の意義と課題」石倉洋子・藤田昌久・前田昇・金井一賴・山﨑朗『日本の産業クラスター戦略―地域における競争優位の確立』有斐閣.

藤原直樹（2014）「地方自治体によるクラスターの国際的外部連携にかかる一考察」『経営研究』65-1：57-70.

二神恭一・西川太一郎編（2005）『産業クラスターと地域経済』八千代出版.

二神恭一（2008）『産業クラスターの経営学』中央経済社.

細谷祐二（2009）「集積とイノベーションの経済分析―実証分析のサーベイとそのクラスター政策への含意（前編）」『産業立地』7：29-38.

松原宏（1999）「集積論の系譜と『新産業論』」『東京大学人文地理学研究』13：83-110.

松原宏（2007）「知識の空間的流動と地域的イノベーションシステム」『東京大学人文地理学研究』18：22-43.

松原宏（2013）『日本のクラスター政策と地域イノベーション』東京大学出版会.

真野俊樹（2017）『医療危機―高齢者とイノベーション』中央公論新社：17-22.

水野真彦（2011）『イノベーションの経済空間』京都大学学術出版会：71-83.

宮嵜晃臣（2005）「産業集積論からクラスター論への歴史的脈絡」『専修大学都市政策研究センター論集』1：265-288.

宮崎県延岡市（2011）「延岡市メディカルタウン構想―メディカル産業と健康長寿の花開くまち」.

文部科学省・厚生労働省・経済産業省（2015）「医療機器開発支援ネットワークの実施状況及び活動の方向」.

山本健兒（2004）「産業クラスター計画の論理に関する批判的考察」『法政大学経済学会経済志林』74-1/2：311-336.

山本健兒（2005）『産業集積の経済地理学』法政大学出版局.

山本健兒（2014）「バーデン・ヴュルテンベルク州の外科治療器具産地」山本健兒・平川一臣『朝倉世界地理講座―大地と人間の物語9　中央・北ヨーロッパ』朝倉書店：245-258.

與倉豊（2011）「地方開催型見本市における主体間の関係性構築―諏訪圏工業メッセを事例として」『経済地理学年報』57：221-238.

與倉豊（2013）「知識の地理的循環とイノベーション」松原宏編『日本のクラスター

政策と地域イノベーション』東京大学出版会：27-49.

與倉豊（2014）「九州半導体産業における多様なネットワークの形成過程と制度的な支援体制」『経済地理学年報』60-3：187-203.

吉川洋（2016）『人口と日本経済』中央公論新社.

吉田敬一（1996）『転機に立つ中小企業―生産分業構造転換の構図と展望』新評論.

渡辺幸男（1997）『日本機械工業の社会的分業構造―階層構造 産業集積からの下請制把握』有斐閣.

渡辺幸男・小川正博・黒瀬直宏・向山雅夫（2001）『21世紀中小企業論』有斐閣.

［外国語文献］

Arrow, K.(1962) *The Economic Implications of Learning by Doing*, The Review of Economic Studies. Oxford Journals. 29-3: 155-73.

Asheim, B.T.(1996) Industrial districts as 'learning region": a condition for prosperity,' *European Planning Studies* 4-4: 379-400.

Asheim, B.T.(2007) Differentiated Knowledge Bases and Varieties of Regional Innovation System, *Innovation: The European Journal of Social Science Research* 20: 223-241.

Bathelt, H., Malmberg, A. and Maskell, P.(2004) Cluster and Knowledge: Local Buzz, Global Pipelines, and the Process of Knowledge Creation, *Progress in Human Geography* 28-1: 31-56.

Bertalanffy, von, Ludwig.(1968) *General system theory: foundation, Development, Application*, Pbublisher: George Braziller, Noew York.（長野敬・太田邦昌訳（1973）『一般システム理論』みすず書房）

Boschma, R.(2005) Proximity and Innovation: A Critical Assessment. *Reginal Studies* 39-1: 61-74.

Cairncross, F.(1997) *The Death of Distance: How the communication Revolution Will Cahnge Our Lives*, Boston: Harvard Bisiness School Press.

Camagni, R.(1991) Local milieu, uncertainty and innovation networks: towards a new dynamic theory of economic space, Camagni(ed.) *Innovation networks: spatial perspectives*, Belhaven Press: 121-144.

Capello, R.and Faggian, A.(2005) Collective Learning and Relational Capital in Local Innovation Processes, *Regional Studies* 39-1: 75-87.

Edquist, C. & Johnson B.(1997) Institutions and organizations in systems of innovation, in Edquist C.(Ed.) *System of innovation, Technologies, Institution and*

Organizations,Printer, London: 41-63.

Enright, M.(1999) Globalization of Competition and Localization of Competitive Advantage: Policies Towards Regional Clustering, In Hhood, N. and Young, S.(eds.), *The Globalization of Multinational Enterprise Activity and Economic Development*, Macmillan.

Florida, R.(1995) Towards the learning region, *Future* 27-5: 527-536.

Friedman,T.L.(2007) *The World Is Flat: A Brief History of the Twenty first Century*, Further Updated and Expanded Edition, c/o International Creative Management, Inc., London.（伏見威蕃訳（2008）『フラット化する世界―経済の大転換と人間の未来（増補改訂版）・下巻』日本経済新聞社）

Granovetter, M.(1973) The strength of weak ties, *Americal Journal of Sociology* 78: 1360-1380.（大岡栄美訳（2006）「弱い紐帯の強さ」野沢慎司編『リーディングスネットワーク論―家族・コミュニティ・社会関係資本』123-154，勁草書房）

Granovetter, M.(1985) Economic action and Social Structure. The problem of embeddedness, *American Journal of Sociology* 91: 481-510.

Halder, G.(2002) How does globalisation affect local production and knowledge systems?, *The surgical instrument cluster of Tutttlingen, Germany. INEF Report Heft* 57, Institute für Entwicklung und Frieden der Gerhard-Merkator-Universität Duisburg.

Han, X.(2009) Research on Relevance of Supply Chain and Industry Cluster, *International Journal of Marketing Studies* 1-2: 127-130.

Hansen, T.(2015) Substitution or overlap? The relations between geographical and non-spatial proximity dimensions in collaborative innovation projects, *Regional Studies* 49-10: 1672-1684.

Herrigel, Gary. B.(1989) *Industrial Order and the Politics of Industrial Change: Mechanical Engineering*, Industry and Politics in West Germany: Toward a Third Republic, Peter J. Katzenstein, Cornell University Press: 185-220.

Hibert, J., Nordhause-Janz, J., Rehfeld, D. and Heinze, R.(2004) Industrial Clusters and the Governance of Change: Lessons for, North Rhine-Westphalia, Cooke, P., Heidenreich, M. and Braczyk, H., (ed.), *Regional Innovation System Second Edition: The Role of Governance in a Globalized World*, Routledge: 234-258.

Hoover, E.M.(1937) *Location theory and the shoe and leather industries*, Harvard University Press.

Ingstrup, M.B. and Damgaard, T.(2011) Cluster facilitation in a cluster life cycle perspective, Competitive research paper, Submitted for the IMP2011 Conference at

University of Strathclyde, UK.

Isard, W.(1956) *Location and space-economy; a General Theory Relating to Industrial Location, Market Areas, Land Use, Trade, and Urban Structure*, Cambridge: Published jointly by the Technology Press of Massachusetts Institute of Technology and Wiley.

Jacobs, J.(1969) *The Economy of Cities*, Vintage Books, Random House, New York.

Jacobs, J.(1984) *Cities and the wealth of nations: principles of economic life*, The Random House Publishing Group.（中村達也訳（2012）『発展する地域　衰退する地域—地域が自立するための経済学』66-69，筑摩書房）

Jönsson, J.(2015) Virtual proximity and innovation: A study of rural companies in the plastic industry and their use of virtual proximity in innovation processes, Department of Human Geography SGEM06, Lund University: 1-59.

Kitajima, M.(1995) Japan's roles of technology transfer to the ASEAN countries, *KIKAI KEIZAI KENKYU* 26: 1-15.

Knoben, J. and Oerlemans, L.A.G.(2006) Proximity and Inter-organizational Collaboration: A literature review, *International Journal of Management Reviews* 8-2: 71-89.

Krugman, P.(1991) *Geography and Trade*, Gaston Eyskens Lecture Series.（北村行伸訳（1994）『脱「国境」の経済学 産業立地と貿易の新理論』東洋経済新報社）

Lalrindiki, M. and O'Gorman, B.(2016) Proximity and Inter-regional Innovation Systems: A look into Institutional Proximity, Reginal Studies Association Annual Conference in Austria, Graz, 3rd -6th April.

Malmberg, A. and Maskell, P.(2001) The elusive concept of localization economies :Towards a Knowledge-based Theory of Spatial Clustering, AAG Annual Conference, New York, 27th February-3rd March.

Marshall, A.(1890) Principles of Economics, London: The Macmillan Press.（馬場啓之助訳（1966）『経済学原理Ⅱ』東洋経済新報社）

Marshall, A.(1920) Principles of Economics 8 ed., The Macmillan and Co., London.（永澤越郎訳（1985）『経済学原理』岩波ブックサービスセンター）

Maskell, P. and Malmberg, A.(1999a) The Comparativeness of Firms and Regions: 'ubiquitification' and the Importance of Localized Learning, *European Urban and Regional Studies* 6: 9-25.

Maskell, P. and Malmberg, A.(1999b) Localized Learning an Industrial Competitiveness, *Cambridge Journal of Economics* 23: 167-85.

Maskell, P., Bathelt, H. and Malmberg, A.(2006) Building Global Knowledge Pipelines: The Role of Temporary Clusters, *European Planning Studies* 14-8: 997-1013.

Menzel, Max-Peter. and Fornahl, D.(2010) Cluster life cycles: dimensions and rationales of cluster evolution, Industrial and Corporate Change 19-1: 205-238.

Nadvi, K. and Halder, G.(2002) Local cluster in global balue chain: exploring dynamic linkages between Germany and Pakistan, Institute of Developmentst Studies at University of Sussex Working Paper No.152.

Nooteboom, B., Van Haverbeke, W., Duysters, G., Gilsing, V., and van den Oord (ads.).(2007) Optimal cognitive distance and absorptive capacity, *Research Policy* 36-7: 1016-1034.

Palander, T.(1935) Beitrage zur Standortsthorier; doctoral Stockholms högskola 1935 Inaugural-Dissertation.

Perroux, F.(1970) Note on the Concept of "Growth poles" D.L. Mckeee(ed.), *Regional Economics*, New York, The Free Press: 93-103.

Piore, M.J. and Sabel, C.F.(1984) *The Second Industrial Divide*, New York: Basic Books Inc.（山之内靖・永易浩一・石田あつみ訳（1993）『第二の産業分水嶺』筑摩書房）

Polanyi, K.(1944) *The Great Transformation*, Beacon, Boston.

Porter, M.E.(1998a) Clusters and the New Economics of Competition, *Harvard Business Review* 76-6: 77-90.（沢崎冬日訳（1998）『クラスターが生むグローバル時代の競争優位』28-45，DIAMONDハーバード・ビジネス3月号）

Porter, M.E.(1998b) *On Competition*, Harvard Business School Press.（竹内弘高訳（1999）『競争戦略論』（Ⅰ）（Ⅱ）』ダイヤモンド社）

Porter, M.E.(2011) *The Minnesota Medical Devices Cluster: Microeconomics of Competitiveness*, Harvard Business School, May 6: 1-34.

Rains, P.(2001) Local or National Competitive Advantage? The Tensions in Cluster Development Policy, *Regional and Industrial Policy Research Paper* 43, European Policies Research Centre, University of Strathclyde, Glasgow.

Robinson, E.A.G.(1931) *The Structure of Competitive Industry*, publisher: London, nisbet & Co.ltd.

Rothwell, R. and Zegveld, W.(1982) *Innovation and the Small and Medium Sized Firm: Their Role in Employment and in Economic Change*, SPRU, Sussex University and TNO, Netherlands.（間苧谷努・岩田勲・庄谷邦幸・太田進一訳（1987）『技術革新と中小企業』有斐閣）

Romer, P.(1986) Increasing Returns and Long-Run Growth, *Journal of Political Econ-*

192

omy, 94-5: 1002-1037.

Sabel, C.F.(1982) Italy's high technology cottage industry, in the Journal Transatlantic Perspectives.

Saxenian, A.(1994) *Regional advantage*. Cambridge, Massachusetts: Harvard University Press.（大前研一訳（1995）『現代の二都物語』講談社）

Scott, A.J.(1988) *New industrial space*, London: Pion.

Simon, H.(2009) *Hidden Champions of the Twenty-First Century: The Success Strategies of Unknown World Market Leaders*, Springer Dordrecht.

Stigler, G.J.(1951) The division of labor is limited by the extent of market, *Journal of Political Economy* 59: 185-193.

Storper, M.(1995) The Resurgence of Regional Economics, Ten Years Later, *European Urban Regional Studies* 2: 191-221.

Storper, M.(1997) *The Regional world: Territorial Development in a global economy*. New York: The Guilford Press.

Storper, M. & Venables, A.J.(2004) Buzz: Face-to-face contact and the urban economy, *Journal of Economic Geography* 4-4: 351-370.

Tödtling, F. and Trippl, M.(2005)"One Size Fits All? Towards a Differential Regional Innovation Policy Approach", *Research Policy* 34: 1203-1219.

Torre, A. and Rallet, A.(2005) Proximity and localization, *Regional Studies* 39: 47-59.

Van Klink, A. and De Langen P.(2001) Cycles in Industrial Clusters: the Case of the Shipbuilding Industry in the Northern Netherlands, *Tijdschrift voor Economische en Sociale Geografie* 92: 449-463.

Vernon, R.(1966) International investment and international trade in the product cycle, *Quarterly Journal of Economics* May.

von Hippel, E.(1994), "Sticky information" and the locus of problem solving: Implications for In-novation, *Management Science* 40: 429-439.

Weber, A.(1909) *Über den Standort der Industrie: Reine Theorie des Standorts*, Verlag von J.C.B. Mohr: Tübingen.（日本産業構造研究所訳（1966）『工業立地論』大明堂）

Wuyts, S., Colombo, M.G., Dutta, S., and Nooteboom, B.(2005) Empirical tests of optimal cognitive distance, *Journal of Economic Behavior & amp; Organization* 58-2: 277-302.

索　引

[事項索引]

ア行

カ行

196

【筆者紹介】

北嶋 守（きたじま まもる）

1959年秋田県湯沢市生まれ
駒澤大学大学院人文科学研究科博士課程満期退学
学術博士（東京大学）
現在，一般財団法人機械振興協会執行理事兼経済研究所所長代理
駒澤大学大学院，明治大学兼任講師
［主要著書］
　『地域産業のイノベーションシステム』（共著，学芸出版社，2019）
　『ネットワークの再編とイノベーション』（編著，同友館，2012）
　『中小企業のイノベーションと新事業創出』（共著，同友館，2012）
　『日本企業のものづくり革新』（編著，同友館，2010）
　『事例に学ぶ地域雇用再生』（共著，ぎょうせい，2010）
　『現代の社会政策3 労働市場・労使関係・労働法』（共著，明石書店，2009）
　『高齢福祉型・環境配慮型社会の産業形成と「北欧モデル」の適用可能性』（共著，機械振興協会経済研究所編，2008，法政大学地域政策研究賞）
　『地域からの経済再生 産業集積・イノベーション・雇用創出』（共著，有斐閣，2005，商工総合研究所中小企業研究奨励賞準賞）
［訳書］
　「バーチャル・ファクトリーを機能させる条件」『ネットワーク戦略論』（ダイヤモンド社，2001），第2章所収

2020年12月15日　第1刷発行

ヘルスケア産業クラスター形成の日本的特質
―中小企業のイノベーションによる産業集積の再構築―

Ⓒ著　者　北　嶋　　　守

発行者　脇　坂　康　弘

発行所　株式会社 同友館

〒113-0033 東京都文京区本郷 3-38-1
TEL.03(3813)3966
FAX.03(3818)2774
https://www.doyukan.co.jp/

落丁・乱丁本はお取り替えいたします。

ISBN 978-4-496-05518-8

三美印刷／松村製本所

Printed in Japan